Caroline E. Heil

Wir
vom Jahrgang
1989
Kindheit und Jugend

Impressum

Bildnachweis:

Privatarchiv Caroline Heil: S. 4 o., 7, 9 u., 11 u., 14, 15 u., 16 M./u., 18 u., 34 o., 38, 49, 52 o., 53 u., 54 o.l., 55 u., 58 o., 60, 63 o.; Privatarchiv Anne Schweinebraden: S. 4 u., 5, 8, 10, 22, 23 o./M., 33, 35 u., 50, 52 u., 54 u.; Privatarchiv Charlotte Büttner: S. 9 o., 15 o., 16 o., 18 o., 20 l., 25, 27 u., 34 u.; Privatarchiv Anke Alter: S. 11 o., 24, 44, 47 o.l., 48 o., 53 o., 61, 62 u.; Privatarchiv Esther Heil: S. 12, 23 u.; Privatarchiv Nadja Hildwein: S. 19, 20 r., 35 o.; Privatarchiv Michéle Reich: S. 28 o./u., 29, 31, 36, 40, 42; Privatarchiv Korbinian Weber: S. 30; Foto Rienäcker: S. 32 r.; ullstein bild – United Archives: S. 32 l.; ullstein bild – ddp: S. 37; Privatarchiv Christian Umbach: S. 43, 45; Privatarchiv Nadja Hildwein: S. 47 o.r., 63 u.; Privatarchiv Hannes Basfeld: S. 47 u.; Privatarchiv Rabia Kaya: S. 48 u.; Privatarchiv Alexander Hoffmann: S. 51, 54 o.r., 58 u.r.; Privatarchiv Julian Lenhardt: S. 55 o.l., 57; Privatarchiv Philip Röder: S. 55 o.r.; Privatarchiv Jan-Peter Wilhelm: S. 58 u.l., 62 o.

Wir danken allen Lizenzträgern für die freundliche Abdruckgenehmigung.
In Fällen, in denen es nicht gelang, Rechtsinhaber an Abbildungen zu ermitteln,
bleiben Honoraransprüche gewahrt.

5. Auflage 2023
Alle Rechte vorbehalten, auch die des auszugsweisen
Nachdrucks und der fotomechanischen Wiedergabe.
Gestaltung und Satz: r2 | Ravenstein, Verden
Druck: Druck- und Verlagshaus Thiele & Schwarz GmbH, Kassel
Buchbinderische Verarbeitung: Buchbinderei S. R. Büge, Celle
© Wartberg-Verlag GmbH
34281 Gudensberg-Gleichen • Im Wiesental 1
Telefon: 056 03/9 30 50 • www.wartberg-verlag.de
ISBN: 978-3-8313-3089-8

Liebe **89er!**

Schon unser Geburtsjahr fing spektakulär an, denn nach 40 Jahren deutscher Teilung fiel die Berliner Mauer und Deutschland konnte wieder eins werden. Wir '89er können also mit Stolz sagen: Mit uns kam die Wende! Unser Leben begann in einer Zeit des Aufbruchs, „Wind of Change" von den Scorpions an der Spitze der Charts war das Motto dieser Zeit.

Politisch und gesellschaftlich passierte in unseren ersten 18 Lebensjahren allerhand: erfolgreiche Fußballweltmeisterschaften, geklonte Säugetiere, Kriege auf dem europäischen Kontinent, Millennium und Jahrhundertsommer, um nur einige Beispiele zu nennen. Unseren Alltag bestimmten aber in den ersten Jahre die typischen Stationen des Aufwachsens: Kindergartenzeit, Einschulung und Grundschuljahre, Mitgliedschaft im Sportverein, weiterführende Schulen und schließlich der Führerschein, den wir als einer der ersten Jahrgänge in Deutschland schon mit 17 Jahren machen konnten. Als '89er liebten wir Micky-Maus-Hefte, Diddl und Pokémon und wuchsen früh mit Technik auf. Uns '89er kann man wohl gut als erste Generation der „Digital Natives" bezeichnen, denn fast jedes Kind besaß ein mehr oder minder vitales Tamagotchi, einen Gameboy und später einen Computer mit Internet und ein Handy. Technik war für uns kein Problem – Last hatten wir höchstens mit unseren Eltern, die auch im dritten Versuch ihr Word-Dokument nicht gespeichert bekamen.

In unseren ersten 18 Lebensjahren ist jedem von uns eine Menge passiert, aber vieles verschwimmt mehr und mehr und wir können uns nur noch dunkel erinnern. Ich hoffe, dass durch diese kleine Zusammenstellung das eine oder das andere schon Vergessene wieder in die Erinnerung gerufen wird und wir uns mit Staunen und Freude an diese ereignisreichen Jahre zurückerinnern können. Ich wünsche allen vom Jahrgang 1989 viel Freude beim Stöbern in der Vergangenheit.

Caroline Elisabeth Heil

Caroline Elisabeth Heil

Mit Pauken und Trompeten ins Leben

Erschöpft von der ganzen Aufregung, die um uns gemacht wird, erstmal eine Runde schlummern.

Herzlich willkommen, 1989er!

Mit uns kam die Wende …

Im Jahr 1989 erblickten wir neben 880 000 anderen Kindern in Deutschland das Licht der Welt. Unsere Eltern gaben uns beliebte Namen wie Anna, Christian, Stephanie oder Alexander. Wenn wir in unseren ersten Wochen und Monaten mit unseren Eltern zufällig Bekannte, Freunde oder Verwandte trafen, waren stets alle hin und weg von uns süßen Babys. Kurz gesagt, wir waren eine wahre Attraktion, wo auch immer wir uns gerade mit Mama und Papa befanden. Das freute unsere Eltern natürlich besonders, denn die waren mächtig stolz auf uns Winzlinge. Zu der Zeit, als wir von allen Seiten bewundert und betätschelt wurden, waren wir

Chronik

21. April 1989
In Japan kommt der Gameboy auf den Markt.

August/September 1989
DDR-Bürger besetzten Botschaften der BRD in Prag, Budapest, Warschau und Ostberlin.

11. September 1989
Ungarn öffnet für DDR-Ausreisende die Grenzen nach Österreich und gibt somit den Weg nach Westdeutschland frei.

9. November 1989
Die Mauer fällt, endlich öffnet auch die DDR die Grenze zur Bundesrepublik. Hunderttausende feiern dieses Ereignis noch in derselben Nacht.

13. Juni 1990
Der Abriss der Berliner Mauer beginnt.

8. Juli 1990
Deutschland wird zum dritten Mal Fußballweltmeister durch das 1:0 gegen Argentinien.

2. August 1990
Irakische Truppen marschieren in Kuwait ein und der 2. Golfkrieg beginnt.

3. Oktober 1990
Die Deutsche Einheit ist wieder hergestellt und der 3. Oktober wird zum „Tag der deutschen Einheit" erklärt.

2. Dezember 1990
Die ersten gesamtdeutschen Wahlen finden statt.

20. Juni 1991
Der deutsche Bundestag bestimmt, dass Berlin Bonn als Regierungssitz ablösen soll. Der endgültige Umzug findet erst 1999 statt.

25. Juni 1991
Der Bürgerkrieg in Jugoslawien bricht aus: Kroatien und Slowenien erklären ihre Unabhängigkeit.

19. September 1991
Ötzi wird in den Südtiroler Alpen gefunden.

8. Dezember 1991
Die Auflösung der Sowjetunion wird beschlossen.

Stolz nahm uns auch Opa überall mit hin. Ob zu Fuß oder auf einem alten Traktor, so ein Enkelchen ist schon was Tolles.

noch weit davon entfernt zu verstehen, wie bedeutend unser Geburtsjahr für die deutsche Geschichte sein sollte.

Denn während wir friedlich in unseren Kinderbettchen schliefen, weniger friedlich wegen Bauchschmerzen weinten, während wir in den ersten Wochen bei Mama Milch tranken oder bald unsere ersten Gläschen von Alete und Hipp oder selbst zubereiteten Babybrei aßen, war im östlichen Teil Deutschlands, in der DDR, eine Revolution im Gange. Auch wenn uns vom Jahrgang 1989 heute die Vorstellung ziemlich schwerfällt, war bis zu unserer Geburt Deutschland durch die Mauer in Ost und West oder anders gesagt in BRD und DDR geteilt.

Doch dies sollte sich nun ändern. In der DDR waren viele Menschen mit der herrschenden Situation unzufrieden und Proteste machten sich im Land breit. Im September 1989 öffnete Ungarn für DDR-Ausreisende die Grenzen nach Österreich und daraufhin flohen Tausende in den Westen. Schon wenig später öffnete dann auch die

DDR die Grenzen zur Bundesrepublik. Die Mauer war gefallen. Nach 40 Jahren Trennung war Deutschland wieder vereint. „Jetzt wächst zusammen, was zusammengehört", sagte Altbundeskanzler Willy Brandt zu dem Ereignis, über das im November 1989 ganz Deutschland begeistert war. Am 3. Oktober 1990 trat die DDR dann endgültig der Bundesrepublik bei und dieser bedeutende Tag wurde von nun an zum jährlich gefeierten „Tag der deutschen Einheit". In Deutschland herrschte in unserem ersten Lebensjahr Euphorie über die Wiedervereinigung, doch davon bekamen wir noch nicht wirklich etwas mit. Aber immerhin waren wir der erste Jahrgang, der im Selbstverständnis der deutschen Einheit aufgewachsen ist. Eine Trennung von Ost und West lernten wir nur noch aus dem Fernsehen oder im Geschichtsunterricht kennen.

Mauerfall – die wichtigsten Ereignisse 1989 und 1990

Schon ab Juli 1989 besetzten DDR-Bürger Botschaften der BRD in Budapest (Ungarn), Prag (Tschechien) und Ostberlin. Als kurz darauf in der DDR die Schulferien begannen und unzählige DDR-Bürger diese in Ungarn verbrachten, startete eine wahre Fluchtwelle. Im August berichtete die FAZ von ca. 300 Fluchten täglich. In der Botschaft und deren Umgebung herrschten katastrophale Zustände, da die zahlreichen DDR-Botschaftsbesetzer kaum mit Nahrung und Zugang zu hygienischen Einrichtungen versorgt werden konnten. Zum Glück entschied sich Ungarn bald für eine humanitäre Lösung und Gyula Horn (damals Außenminister Ungarns) verkündet am 10. September im ungarischen Fernsehen „Die Bürger der DDR können das Land verlassen". Noch in derselben Nacht verließen Tausende in Konvois aus Autos, Bussen oder Taxis das Land, um nach Westdeutschland überzusiedeln. Am 23. September schloss

sich auch Tschechien dieser Grenzöffnung an und am 9. November 1989 öffnete schließlich die DDR ihre Grenzen zur Bundesrepublik. Hunderttausende feierten allein in Berlin die Maueröffnung. Nach vier Jahrzehnten der Trennung war Deutschland wieder vereint. Die erste freie Wahl zur Volkskammer in der DDR fand am 18. März 1990 statt mit einer Wahlbeteiligung von 93,4 %, dabei ging die von der CDU geleitete „Allianz für Deutschland" mit 48 % der Stimmen als Sieger hervor. Am 23. August 1990 beschloss die Volkskammer den offiziellen Beitritt zur Bundesrepublik und legte für dieses Ereignis den 3. Oktober 1990 fest (Tag der deutschen Einheit). Wort des Jahres 1990 wurde „Neue Bundesländer", wie konnte es auch anders sein. Am 13. Juni begann der Abriss der Berliner Mauer und 1991 wurde Berlin zum Regierungssitz Gesamtdeutschlands erklärt, auch wenn der Umzug von Bonn nach Berlin erst 1999 stattfinden sollte.

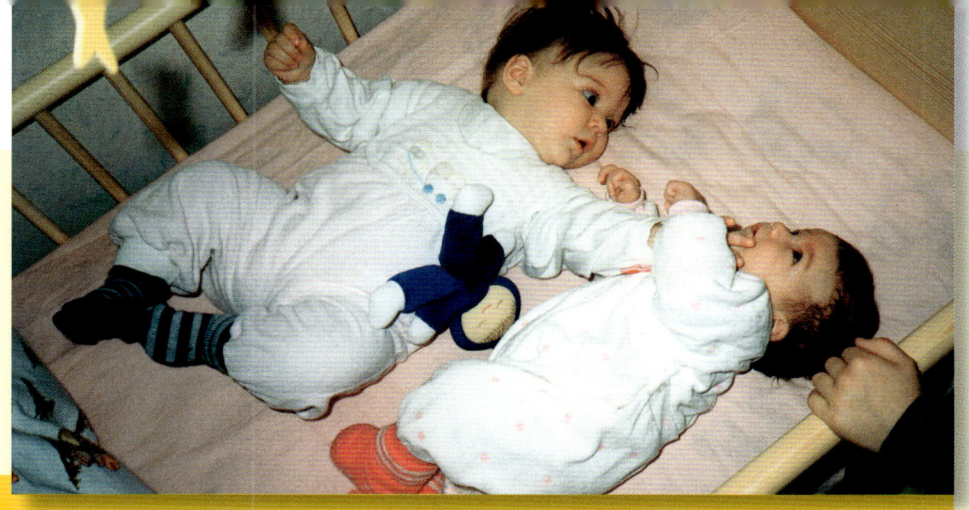

Zwei waschechte '89er im Kinderbett –
ob wir schon ahnten, was uns noch alles bevorstehen würde?

Schön ist es auf der Welt zu sein …

In unserem Geburtsjahr gab es aber noch mehr Ereignisse, die uns in den nächsten Jahren begleiten sollten. So war 1989 nicht nur unser Geburtsjahr, sondern auch das des Privatsenders ProSieben, und welch ein Glück, auch das der Kultserie „Die Simpsons". ProSieben wie auch die Simpsons sollten uns später noch viele unterhaltsame Stunden bereiten.

Und auch der Weltspartag hatte in unserem Jahr seine offizielle Geburtsstunde. Zwar hatten bereits im Jahr 1924 Regierungschefs verschiedener Länder die schlaue Idee mit dem 31. Oktober, doch erst im Jahr 1989 erklärte die UNO diesen Tag offiziell zum jährlichen Weltspartag. Als Kinder gingen wir später an diesem Tag regelmäßig mit unseren Eltern zur Bank, um den Inhalt unseres Sparschweins auf unser Sparkonto einzuzahlen. Und weil wir so fleißig gespart hatten, schenkten uns die Bankangestellten noch eine Kleinigkeit. Egal, ob es sich dabei um Kuscheltiere, Stifte oder Federmäppchen handelte, eins stand fest: Wir waren begeistert und für viele von uns waren die „tollen" Geschenke und das schöne Gefühl, das erste eigene Geld aufs erste eigene Konto einzuzahlen, Motivation genug, um auch das ganze nächste Jahr zu sparen.

Und es gab noch etwas, das 1989 erschien und unsere Jugend begleitete: Der Gameboy von Nintendo kam am 21. April 1989 in Japan auf den Markt. Zunächst war er nur mit dem Spiel Tetris ausgestattet, zu dem Spielsortiment kamen aber relativ schnell noch weitere Spiele hinzu. Der Gameboy war ein absoluter Erfolg und wurde zum millionenfachen Verkaufsschlager. Man kann also sagen, dass das Jahr 1989 nicht nur uns hervorgebracht hat, sondern auch allerhand einschneidende politische, gesellschaftliche und kulturelle Ereignisse sowie praktische Erfindungen.

Gameboy

1989 wurde eine neuartige Handheld-Konsole der Öffentlichkeit vorgestellt. Dabei handelte es sich um den Gameboy der japanischen Firma Nintendo. Erfunden wurde das Gerät von Gunepei Yokoi und es entwickelte sich bald zum Kassenschlager. Anfangs konnte man auf dem Gameboy nur ein Spiel spielen, nämlich Tetris, das durch den Gameboy zu einem der erfolgreichsten Computerspiele der Welt wurde.

Später kamen zum Spielesortiment des Gameboys mehrere Hundert Spiele hinzu, zum Beispiel Zelda, Super Mario und Donkey Kong. In den folgenden Jahren wurde der Gameboy ständig weiterentwickelt. So kam 1996 der Gameboy Pocket auf den Markt, zwei Jahre später der Gameboy Color und noch später der Gameboy Advance. Eine noch anhaltende Erfolgsgeschichte, die 1989 begann.

Dort verbrachten wir in unseren ersten Sommern viel Zeit: Im Sandkasten.

54, 74, 90 … Was für ein Sommer!

Mit gerade knapp einem Jahr erlebten wir, wie ganz Deutschland zum zweiten Mal in unserem bis dahin noch recht jungen Leben völlig aus dem Häuschen war. Es war unser erster richtiger Sommer mit fröhlichem Baden im Planschbecken, Spielen in Sandkästen und leckerem Eis am Stiel. Besonders die Sorten Minimilk und Capri waren bei uns schon früh der absolute Renner. Am 8. Juli 1990 spielten wir aber nicht im Planschbecken oder im Garten, denn an diesem Tag saßen fast alle vor dem Fernseher und verfolgten den „Kaiser"

Franz Beckenbauer und die deutsche Nationalelf im Finale der Fußballweltmeisterschaft gegen Argentinien. Zwar verstanden wir damals Fußball noch nicht, aber immerhin schienen unsere Eltern begeistert zu sein. Und welche Freude für sie: Deutschland wurde Weltmeister! ˉ:0 gegen Argentinien. Somit holte die Nationalelf den dritten Weltmeistertitel ins Land.

Doch noch viel mehr begeistert als von der Weltmeisterschaft waren unsere Eltern natürlich von uns! Denn endlich hörten wir auf, uns durch Robben, Rollen oder Krabbeln umher zu bewegen, und fingen an zu laufen. Anfangs noch an den Händen unserer Eltern, doch schon bald machten wir unsere ersten eigenen wackeligen Schritte. Gelegentliches Umfallen wurde zum Glück von der Windel am Hintern weich abgefedert. Und mit ein bisschen Übung sollte auch das Laufen bald richtig gut klappen. Aber nicht nur laufen lernten wir in dieser Zeit, sondern auch unsere ersten Wörter begannen wir zu brabbeln. Zunächst bedienten wir uns dabei eines recht kleinen Wortschatzes. Zum Beispiel wussten wir schnell, wie wir unser Lieblingsspielzeug oder Lieblingsessen nennen mussten, um es möglichst sofort zu bekommen.

Eine kleine Pause tut gut, wenn man müde vom ganzen Laufenlernen ist.

1. bis 3. Lebensjahr

Das erste eigene (Hüpf-)Pferd war ein besonderes Geburtstagsgeschenk.

Damals konnten wir unsere Eltern noch relativ leicht beeindrucken, wenn wir ein „Pubbe", „Audo" oder „Papa" mit dicken Pausbacken herausbrachten. Oh ja, wie einfach wir es doch in unseren ersten Jahren noch mit unseren Eltern hatten!

Ötzi, der Mann aus dem Eis

Am 19. September 1991 wanderten die Nürnberger Helmut und Erika Simon nahe dem Hauslabjoch in den Ötztaler Alpen in 3210 m Höhe. Dabei stießen sie zufällig auf die heute als „Ötzi" bekannte Gletschermumie. Diese hatte rund 5300 Jahre in einer Gletscher-Querrinne gelegen und kam erst wieder zum Vorschein, als sich der Gletscher zurückzog. Schon vier Tage später wurde das Fundstück vom Institut für Gerichtsmedizin der Universität Innsbruck geborgen.

Sensationell an dem Mann aus der Kupferzeit war, dass er der einzige erhaltene und konservierte Leichenfund aus der Zeit von ca. 3340 v. Chr. in Mitteleuropa war. Der Leichnam des ca. 1,58 m großen Ötzi ist nahezu vollständig erhalten. Schnell vermutete man, dass Ötzi einem Raubmord zum Opfer gefallen war. Denn an der linken Schulter konnte

man mithilfe moderner Computertomografie eine durch einen Pfeil verursachte Verletzung der Unterschlüsselbeinarterie und einen umliegenden großen Bluterguss nachweisen, an dem der Mann aus dem Eis vermutlich innerlich verblutet ist. Neben Ötzis Leichnam fand man auch allerhand Werkzeuge und Kleidungsstücke. Zum Beispiel Hose und Jacke aus Ziegenfell, eine Bärenfellmütze und einen Grasmantel. Eine Besonderheit war ein vollständig erhaltenes Kupferbeil, das bis jetzt einzige erhaltene Beil aus der Zeit von ca. 4000 v. Chr.

Den Namen „Ötzi" gab der Wiener Journalist Karl Wendel der Gletschermumie. Dieser ist inzwischen zur weltweit angewandten Bezeichnung geworden.

Heute kann man Ötzi im Südtiroler Archäologiemuseum in Bozen begutachten.

Endlich groß

… zumindest fühlten wir uns schon so mit unseren fast drei Jahren. Sprechen war kein Problem mehr und Gehen erst recht nicht. Wir wurden stetig ein bisschen selbstständiger und brauchten Mama oder Papas Hilfe nicht mehr bei jeder Kleinigkeit. So bestanden wir auch darauf, unsere Frühstücksbrote selbst zu schmieren, egal wie danach der Teller aussah, und waren stinksauer, wenn unsere Eltern meinten, uns wie Babys behandeln zu müssen und uns etwa gegen unseren Willen beim Essen zu helfen. Nein, wir wollten nicht mehr überall von unseren Eltern reingeredet bekommen. Auch anziehen wollten wir uns daher verständlicherweise nun alleine und bei den besonders Durchsetzungsfähigen und Sturen unter uns kamen dabei höchst gewöhnungsbedürftige Kombinationen heraus. Zum Beispiel die Sandalen mit dicken Socken im Winter oder der dicke herbstliche Strickpulli mit kurzem Rock im Hochsommer, wir waren eigentlich immer für eine Überraschung gut.

Eines Hemmschuhs entledigten wir uns nun auch endlich. Nämlich der nervigen Windeln, die uns beim Laufen erheblich störten. Ohne Windeln ging das Toben doch einfach viel besser! Und Windeln brauchten wir mit unseren drei Jahren nun wirklich nicht mehr, denn fast alle konnten schon bald alleine aufs Klo gehen. Unsere Eltern wussten schon, wie sie uns endlich „trocken" bekommen würden: So machten sie alle möglichen Versprechungen, was man im Gegenzug bekommen würde. Zum Beispiel ein schönes Prinzessinnenkleid oder einen Tretbulldog. Und wenn wir großes Glück hatten, war das vielleicht sogar eine Reise mit dem Zug. Den fahrplanmäßigen Hochgeschwindigkeitsverkehr mit dem ICE gab es erst seit Juni 1991. Somit waren manche von uns die ersten ICE-Kunden der Deutschen Bahn.

„Na klar, ich kann schon alleine essen!"

1. bis 3. Lebensjahr

Rad fahren, Urlaub, Kinder- garten – **endlich sind wir groß**

In der Kindergartengruppe fühlten wir uns wohl.

Hurra, wir kommen in den Kindergarten

Endlich war es so weit, wir hatten uns schon seit Wochen gefreut und waren stolz darauf, den Ort kennenzulernen, von dem uns die älteren Geschwister und Freunde so viel erzählt hatten: Wir durften in den Kindergarten gehen. So stiefelten wir morgens brav mit unseren Eltern los. In der Hand eine Kindergartentasche, die wir

Chronik

uns entweder selbst ausgesucht hatten oder die Mama uns als Überraschung einige Tage vor dem ersten Kindergartenbesuch geschenkt hatte. So eine Kindergartentasche war dringend notwendig, denn darin sollten wir nun täglich unser Frühstücksbrot und etwas zu trinken in den Kindergarten mitbringen.

Doch schon auf dem ersten Weg zum Kindergarten verflog bei vielen von uns die Vorfreude und wir bekamen ein wenig Muffensausen. Was ist, wenn die anderen Kinder gemein sind? Oder keiner mit uns spielen will? Oder noch schlimmer, wenn die Kindergärtnerin am Ende so ist wie die böse Hexe aus unserem Lieblingsmärchen? Oh je, bei so vielen Fragen überlegten sich einige von uns, ob sie wirklich alleine ohne Mama oder Papa im Kindergarten bleiben sollten und kamen zu dem Schluss: Niemals! So weinten wir, schrien, hielten uns an den Beinen von Papa fest oder krallten uns ganz fest an Mamas Rock, doch alles war zwecklos: Wir blieben dort. Zum Glück, denn die Kindergärtner und Kindergärtnerinnen stellten sich uns vor, trösteten uns und waren gar nicht den Märchenhexen ähnlich, sondern sehr nett. So gingen wir schließlich doch mutig in unsere Gruppe. Ganz ohne unsere Eltern.

Als die uns am Mittag abholen wollten, sah die Welt für uns schon ganz anders aus. Am liebsten wären wir noch ein paar Stunden zum Spielen

geblieben, denn dort gab es tolle Spielsachen, nette Spielkameraden, Bastel-sachen … Wir lernten schnell, dass es auch feste Regeln und Abläufe gab: Morgens bis ungefähr 9 Uhr sollte man in den Kindergarten gebracht werden. Dann setzten wir uns alle in einen großen Stuhlkreis und sangen schöne Lieder wie „Plitsch, platsch, Pinguin" oder spielten Spiele wie „der Obstkorb fällt um". Später stand ein gemeinsames Frühstück auf dem Programm, bei dem alle Kinder an einem oder mehreren Tischen saßen, ihr Frühstücksbrot auspackten und nach einem kurzen Tischgebet und schönen Sprüchen wie „Piep, piep, piep, wir haben uns alle lieb und wünschen einen guten Appetit" mit dem Essen anfangen durften. Nach dem Essen, war ja klar, wurden gemeinsam die Zähne geputzt. Danach konnten wir spielen oder basteln, bis der Kindergarten zu Ende war und wir von unseren Eltern abgeholt wurden oder später sogar alleine nach Hause laufen durften.

Langweilig wurde es uns in unseren Kindergartenjahren eigentlich nie. Wir konnten in der Puppenecke Familie spielen oder mit Legosteinen etwas bauen. Wenn wir Lust hatten, spielten wir ein Brettspiel oder wir setzten uns an den großen Tisch, machten Stickbilder oder malten etwas. Besonders viel Wert wurde darauf gelegt, dass wir viel malten und bastelten. So entstanden im Frühling wunderschöne aus buntem Papier gefaltete Blumen, im Sommer gemalte Ferienbilder, im Herbst schöne Kollagen aus Blättern und im Winter tolle Schneemänner aus Watte oder Korkstempeln. Besonders die Mädchen schlepp-

ten beinahe täglich eine Unmenge an selbst gemalten Bildern oder Stickbildern mit nach Hause und – oh wie schön – Mama, Papa, Oma, Opa freuten sich immer sehr über diese Mitbringsel. Wir bestanden natürlich darauf, dass sie auch sofort einen angemessenen Platz am Kühlschrank, im Wohnzimmer und im Schlafzimmer fanden.

Der Stempelschneemann, ein Kindergartenkunstwerk: Wer den wohl geschenkt bekam?

Fasching – das Fest der Feste im Kindergarten.

Schon Vorschulkinder

Schnell hatten wir viele neue Freunde im Kindergarten gefunden, mit denen feierten wir besonders gerne die Feste, die im Kindergartenjahr anstanden. Zum Beispiel Fasching, Ostern, Sommerfest, St. Martin, Nikolaus oder Geburtstage. Kindergartenfeste waren Ereignisse der ganz besonderen Art für uns mit besonders viel Aufwand und Arbeit für unsere Mütter und Kindergärtnerinnen. An Fasching ließen wir im Kindergarten eine Verkleidungsfete steigen. Da kam dann Alexander im Leopardenkostüm oder Charlotte als Schneeflocke. Es wurde gespielt und getanzt, denn aufs Feiern verstanden wir uns schon früh. Auch die Kindergartensommerfeste waren für uns eine Attraktion. Schon Wochen vor dem Fest übten wir mit viel Mühe und Freude kleine Theaterstücke und Vorführungen ein, die wir unseren Eltern und Verwandten stolz am Fest präsentieren wollten. Kostüme wurden gebastelt, Liedtexte studiert und bunte Bilder gemalt. Das eigentliche Sommerfest war dann noch schöner, als wir es erwartet hatten, denn nicht nur wir unterhielten das Publikum, sondern auch uns wurde ein tolles Unterhaltungsprogramm geboten.

Einer der Kostüm-Favoriten: Vampir!

 4. bis 6. Lebensjahr

Auf dem Grundstück des Kinder-
gartens wurden allerhand
Geschicklichkeitsspiele für uns
aufgebaut, zum Beispiel Sackhüpfen, Eierlauf oder Wäscheaufhän-
gen. Wir konnten uns bei diesen
Spielen gegen unsere Freunde
beweisen und erhielten zur Beloh-
nung sogar noch einen Preis.

Unsere Freundschaften
beschränkten sich aber nicht nur auf
Aktivitäten und Feste im Kindergarten, sondern auch nachmittags
trafen wir uns nun immer öfter bei
einem Freund oder einer Freundin
zum gemeinsamen Fußballspielen,
Klettern oder Puppenspielen. Wenn
der Kindergarten zu Ende war,
hätten wir uns am liebsten sofort
wieder mit den anderen Kindern verabredet. An manchen Tagen wurde
nichts aus unseren Treffen, denn

Vogelhochzeit beim Kindergartenfest,
da schauten alle gerne zu.

dann hatten wir schon etwas vor. Manche von uns gingen zum Fußballtraining,
zum Malkurs oder zum Chor. Wie gut, dass auch andere Kinder dabei waren.

LiEBe Ester iCH
willbir ein ResePt
saGen wi manfebern
fer Ben ein Pa febern
und un Gkorter EieR
in Eine süse schüsel
Rein KloPven und nan
Süs Dein caroline

Die ersten Schreibversuche –
ein bisschen unordentlich, aber
das wird schon noch.

Nelson Mandela: „Der Kampf ist mein Leben"

Geboren wurde Nelson Mandela am 18. Juli 1918 in Transkei Südafrika. Von seinem Jurastudium wurde er nach einem Protestmarsch 1940 von der Universität ausgeschlossen. In diesen Universitätsjahren lernte er seinen politischen Begleiter Oliver Tambo kennen. Gemeinsam mit Tambo wurde er 1944 Mitgründer des ANC-Jugendverbandes Mandela übte große Kritik an der Regierungspolitik der Isolierung und kämpfte gegen die Apartheid für ein demokratisches Südafrika. Ende der 50er-Jahre wurde Mandela in einem Verratsprozess der südafrikanischen Regierung gegen den ANC erstmals angeklagt und für ein Jahr inhaftiert. Nach seiner Freilassung wurden unter Mandelas Führung Anschläge auf Regierungs- und Wirtschaftsziele ausgeübt, mit dem Ziel, eine neue Staatsordnung zu schaffen. In Angola wurde er 1962 militärisch ausgebildet. Bei seiner Rückkehr wurde er verhaftet und zu fünf Jahren Gefängnis verurteilt. Während der Haft wurden er und andere Mitglieder des ANC bei einem Prozess zu lebenslänglicher Gefangenschaft verurteilt.

Sie wurden in das Gefängnis auf Robben Island gebracht. Dort entwickelten sie ein ausgefeiltes Bildungssystem für die Mitgefangenen, um ihre politischen Überzeugungen weiterzugeben. Daher wurde diese Gruppe des ANC 1982 in ein Hochsicherheitsgefängnis verlegt.

Nachdem Frederik Willem de Klerk im September 1989 Vorsitzender der National Party wurde, wurde Nelson Mandela am 11. Februar 1990 nach 27 Jahren Haft wieder in die Freiheit entlassen. Trotz mehrerer Jahrzehnte der Gefangenschaft kämpfte Mandela mit aller Kraft gegen das Apartheitsregime und wurde dadurch zum Helden Südafrikas. Drei Jahre später erhielt er gemeinsam mit de Klerk den Friedensnobelpreis für die intensiven Verhandlungen und Kompromisse zwischen den Bevölkerungsgruppen über das zukünftige Südafrika und den Mut, neue Wege zu gehen. Im April 1994 fand in Südafrika die erste allgemeine demokratische Wahl statt. Nelson Mandela wurde der erste schwarze Präsident Südafrikas.

Kletteraffen und Leseratten

Da wir nun mehr Bewegungsfreiheit hatten, fanden wir bald auch alle eine neue Freizeitbeschäftigung: Wir gingen ins Kinderturnen, wurden Mitglied in einem Sportverein und begannen dort in der Mini-Mannschaft Fußball, Handball oder andere Mannschaftssportarten zu spielen. Manche von uns wurden fleißige Balletttänzerinnen oder Leichtathleten und andere stiegen bald hoch zu Ross und bekamen Reitstunden. Am Sport fanden wir schnell Gefallen und unsere sportlichen Künste führten wir sehr zum Leidwesen unserer Eltern gerne an steilen Treppen, hohen Mauern oder großen Bäumen vor. Das ging natürlich nicht immer gut. Und so fielen wir von zahlreichen Bäumen und Mauern, stolperten über Steine oder balancierten auf Baumstämmen und purzelten von selbigen herunter. Manchmal ging dies nicht ohne Verletzungen aus und so hatten viele von uns schon früh die ersten Begegnungen mit Ärzten und Krankenhäusern, in denen unsere Platzwunden genäht oder Gipsverbände angelegt wurden.

Den ersten Schock und Schmerz hatten wir aber schnell überwunden und saßen kurze Zeit später schon mit unseren Pflastern, Verbänden oder Gipsverbänden mit Mama oder Papa auf dem Sofa, wo wir unser Lieblingsbuch vorgelesen bekamen. Zu den Favoriten zählten bei uns die Geschichten von Janosch und Astrid Lindgren, Walt Disney, Winnie Pooh, Benjamin Blümchen, Sams und noch vielen anderen. Neben den Bilderbüchern besaßen wir auch die passenden Kassetten. Die Geschichten von Benjamin, TKKG oder Fünf Freunde und natürlich Bibi Blocksberg konnten wir nach zahlreichen Stunden vor dem Kassettenrekorder auswendig mitsprechen.

Da konnten wir noch nicht lesen, aber die Bilder vom Tiger und Bär anzuschauen reichte uns auch.

Die erste richtige Sportmannschaft.

Gemeinsam fällt das Fahrradfahren
viel leichter.

Radfahren, Schwimmen und Co.

Noch vor kurzer Zeit hatten wir die Straßen mit unserem Tretroller unsicher gemacht, aber wir wollten zu Höherem hinaus und auch endlich ein eigenes Fahrrad haben. Welche Freude, als plötzlich am Morgen unseres Geburtstags dieser lang ersehnte Traum in Erfüllung gehen sollte. Da stand es neben dem Geburtstagskuchen und den anderen Geschenken: das erste eigene Fahrrad. Es gab ganz verschiedene Modelle, von rosa bis hellblau über lila und grün. Aber besonders beliebt war bei uns das „Tigerentenfahrrad". Dieses war von oben bis unten in braun-gelben Tige-rentenstreifen lackiert und mit dem passenden Helm war der Janosch-Look perfekt. Populär wurde das Tigerentenfahrrad durch die Fernsehsendung „Tigerentenclub". Wir alle waren damals Fans vom besagtem „Tigerentenclub", der immer am Wochenende auf dem Ersten oder auf KIKA im Fernsehen lief. Er bestand aus einer Kombination von Kinderquizshow, Janosch-Geschichten und Kinderserien. Das fanden wir klasse. Auch weil wir wussten, dass wir uns mit Freunden bei der Kinderquizshow hätten anmelden können, um dann selbst als grüne Frösche gegen die Mannschaft der Tigerenten zu kämpfen.

Aber ein Fahrrad allein machte noch keinen Radfahrer aus uns. Also hieß es nun üben, üben, üben! Und das ging am besten mit Papas Hilfe oder erst mal einige Wochen mit angeschraubten Stützrädern. So setzten wir uns auf unser neues Rad und trampelten los. Unsere Väter hatten alle Hände voll damit zu tun, uns auf dem Rad festzuhalten und uns einigermaßen in eine Richtung fahren zu lassen. Irgendwann ließen sie uns einfach los und wir fuhren alleine weiter. Was wir zunächst nicht merkten, weil wir mit dem Schreien von „Papa, lass endlich los" beschäftigt waren. Als es uns langsam klar wurde, fuhren wir auch schon gegen den nächsten Bordstein oder in die nächste Hecke. Klar, dass wir da erst mal ein paar Tränchen vergießen mussten. Aber von solchen Kleinigkeiten ließen wir uns nicht verunsichern und schon bald beherrschten wir das Fahrradfahren, ob mit Händen am Lenker oder ohne, ob bergauf oder

4. bis 6. Lebensjahr

im schnellen Tempo bergrunter. Und weil wir mit dem Fahrrad so gut klar-
kamen, folgten auch bald die eigenen Inlineskates, bestenfalls ein Paar der
Firma „Rollerblades", mit denen wir die Straßen auf und ab düsten und
gewagte Sprünge und „Stunts" durchführten.

Neben dem Fahrradfahren oder Inlineskaten sollten wir jetzt auch Schwimmen lernen. So ging spätestens in dem Sommer, bevor wir in die Schule
kamen, das regelmäßige Schwimmtraining los. Ähnlich wie beim Fahrradfahren
versuchten einige Eltern uns das Schwimmen selbst beizubringen, andere
meldeten uns im Schwimmkurs an. Mit anderen Kindern lernten wir zunächst
die Furcht vor dem Wasser zu verlieren und dann auch das richtige Schwimmen ohne Schwimmflügel. Und um zu besiegeln, dass wir uns nun alleine über
Wasser halten konnten, machten wir am Ende des Sommers unser erstes
Schwimmabzeichen: das Seepferdchen. Dafür mussten wir 25 Meter schwimmen, vom Rand ins Becken springen und einen Ring in schultertiefem Wasser
heraufstauchen. Das schafften wir und konnten unser kleines orangefarbenes
Stoffseepferdchen und den zugehörigen Schwimmausweis beim Bademeister
abholen. Stolz forderten wir dann zu Hause ein, dass das Abzeichen sofort auf
unsere Badesachen genäht würde.

Da waren wir stolz,
unser Seepferdchen.

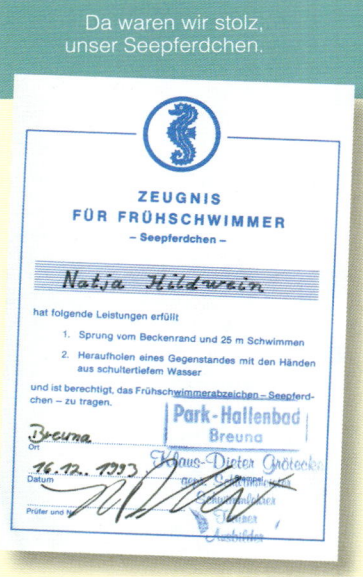

ZEUGNIS
FÜR FRÜHSCHWIMMER
– Seepferdchen –

Natja Hildwein

hat folgende Leistungen erfüllt

1. Sprung vom Beckenrand und 25 m Schwimmen

2. Heraufholen eines Gegenstandes mit den Händen
   aus schultertiefem Wasser

und ist berechtigt, das Frühschwimmerabzeichen – Seepferdchen – zu tragen.

Park-Hallenbad
Breuna

Breuna
Ort

16.12. 1993
Datum

Klaus-Dieter Grötecke

Prüfer und N

Das Abzeichen wurde sofort auf
die Badesachen genäht.

Der Euro-Tunnel – ein modernes Weltwunder

Schon im Jahr 1802 wurde dem damaligen französischen Kaiser Napoleon Bonaparte von einem seiner Ingenieure der Vorschlag zu einem Tunnel gemacht, der die zwei gerade friedlich zueinander eingestellten Länder England und Frankreich verbinden sollte. Man wollte an der schmalsten Stelle den Ärmelkanal untergraben und somit eine unterirdische Straße errichten. Da der Frieden zwischen Frankreich und England nicht lang anhielt und man auch technisch zu einem solchen Bauwerk noch nicht in der Lage war, wurde dieser Plan jedoch schnell wieder verworfen. Dennoch war die Idee geboren. Auch im 19. Jahrhundert wurde von vielen Seiten solch ein Tunnel gewünscht, da man aber immer noch nicht in der Lage war ihn zu realisieren, blieb die Planung erfolglos.

Ein Jahrhundert später aber, im Jahr 1957, sah man sich endlich imstande, den Tunnelbau voranzutreiben. Es wurde ein Bahntunnel geplant, der aus zwei Hauptröhren und einem kleinen Service-Tunnel bestehen sollte. Nach 16 Jahren der Planung konnten die Bauarbeiten beginnen, doch schon 1975 stellte man wegen finanzieller Schwierigkeiten das begonnene Projekt wiederum ein. Insgesamt gab es in der Geschichte 27 Anläufe zur Untertunnelung des Ärmelkanals.

1987 sollte der Bau des Tunnels nun endgültig nach Absprache der britischen und französischen Regierungen beginnen. Das Projekt wurde auf Wunsch der britischen Premierministerin Margaret Thatcher ohne staatliche Zuschüsse durchgeführt. Über sieben Jahre lang waren mehr als 15 000 Arbeiter mit den Bauarbeiten beschäftigt. Am 6. Mai 1994 wurde der 50 km lange Tunnel, der 40 m unter dem Meeresgrund liegt und die englische Stadt Folkstone mit der französischen Stadt Coquelles verbindet, offiziell eröffnet.

Die Amerikanische Gesellschaft der Bauingenieure erklärte den Tunnel bald darauf zu einem der sieben Weltwunder der Moderne.

An der Nordseeküste, am plattdeutschen Strand …

… sind die Kinder im Wasser und selten an Land. Jetzt, wo wir auch langsam alle schwimmen konnten, machte uns eine Sache noch viel mehr Spaß, nämlich der Urlaub am Meer oder an einem Badesee. Solche ersten Reisen waren schon eine tolle Sache, doch natürlich verbrachten wir sie nicht nur mit Schwimmen, auch Besichtigungsprogramme gehörten für viele von uns dazu. Wir wanderten also mit unseren Familien zu alten Burgen, schönen Schlössern, besuchten Museen oder schauten uns Städte an. Manchmal waren wir von

diesen Touren endlos begeistert, aber manchmal fanden wir sie auch einfach öde und langweilig und freuten uns, bald zurück im Hotel, auf dem Campingplatz oder im Ferienhaus zu sein, um dort spannenderen Dingen nachzugehen.

Unsere Familienurlaube führten uns in ganz verschiedene Ecken. Einige von uns blieben in Deutschland, mal ging es an die Nordsee, mal an die Ostsee, manchmal an den Chiemsee oder ab in die Alpen zum Skifahren oder zum Wandern. Andere fuhren schon früh mit Sack und Pack in die Ferne, ins europäische Ausland: ob in die Bretagne in Frankreich oder an den Plattensee in Ungarn. Oder wir stiegen gleich ins Flugzeug und flogen auf die wunderschönen Mittelmeerinseln, nach Sizilien, nach Teneriffa und Fuerte Ventura. In den Neunzigerjahren wurde selbst der Karibikurlaub erschwinglich. Für uns war es schon früh ganz normal, in den Urlaub zu fliegen. Der neue Trend war,

Sommer, Sonne und Strand – der erste Urlaub.

Einfach mal gemütlich
mit dem kleinen Bruder in
der Sonne sitzen.

Im Urlaub hatte man
endlich mal Zeit für das
Lieblingsbilderbuch.

nicht mehr nur in einem
Hotel einzuchecken,
sondern man buchte
gleich „all inclusive" und
wurde täglich 24 Stunden
mit Getränken und lecke-
rem Essen versorgt. Auch
Unterhaltung und Kinder-
bespaßung wurden geboten:
Von Basteln, Sport bis hin
zur Kinderdisco blieb
keiner unserer Wünsche
offen. Uns machte dieses
Programm großen Spaß
und unsere Eltern freuten
sich, weil sie mal ein wenig
Ruhe im Urlaub hatten und
Zeit für sich.

Dick eingepackt durch die
ersten Winterurlaube.

Wir kommen in die Schule – **der Ernst des Lebens kann beginnen**

Zeigt her eure Zuckertüten!

Schule, wir kommen!

Schule – auf nichts freuten wir uns in diesem Sommer mehr. Nur noch wenige Tage und es sollte endlich losgehen. Die letzten Kindergartenferien hatten wir noch einmal ordentlich genossen, bevor der sogenannte Ernst des Lebens losgehen sollte. Einen eigenen Ranzen hatten wir uns schon vor Wochen ausgesucht und wir warteten darauf, ihn endlich auf den Rücken zu schnallen und in die Schule zu gehen. Natürlich hatten wir keinen langweiligen Ranzen, sondern fast jeder von uns besaß ein ganz besonderes Stück: Meist

Chronik

Schulanfang, da durfte der
Scout nicht fehlen.

einen Scout, bedruckt mit bunten
Rennautos, Einhörnern, Schmetterlingen
oder wilden Tieren. Und im passenden
Design besaßen wir auch dazu eine
Sporttasche, einen Regenschirm und
ein Federmäppchen. Klar, dass wir
jedem Besucher zu Hause zunächst
stolz diese Prachtstücke präsentierten.

Am Morgen unserer Einschulung
wurden wir schick angezogen, schu-
terten den Ranzen und bekamen eine
Zuckertüte in den Arm. So voll
bepackt machten wir uns mit Eltern
oder anderen Verwandten auf den
Weg zur Schule. Zwar wussten unsere
Eltern schon, in welche Klasse wir
kommen würden und wie unsere
Klassenlehrerin hieß, aber bevor wir in
die Klassen gingen, versammelten wir
uns alle in der Turn- oder Pausenhalle.
Dort wurden wir zunächst von den
Schulleitern oder -leiterinnen in der
Grundschule begrüßt, bekamen von
großen Viertklässlern ein Theaterstück

vorgeführt und warteten gespannt darauf, dass die Lehrkräfte auf die Bühne treten und die Namen der Kinder ihrer Klassen vorlesen würden. Ob A, B, C oder D, ob bei Frau Meyer oder Herrn Müller, wir freuten uns riesig, als unser Name endlich an die Reihe kam. Mit unseren Lehrern und Mitschülern gingen wir in unseren Klassenraum und welch ein Glück, viele von unseren neuen Schulkameraden kannten wir schon aus den Kindergartentagen.

Es war uns zunächst noch relativ schleierhaft, was uns von nun an täglich in der Schule begegnen sollte. Natürlich wussten wir, dass wir dort Lesen und Rechnen lernen würden, aber was würde noch auf uns zukommen?

Eine andere Sache war uns 1995 auch schleierhaft, oder man könnte sagen, ziemlich verschleiert. Denn am 23. Juni 1995 um 14:38 Uhr hatte der Künstler Christo gemeinsam mit seiner Frau Jeanne-Claude den Berliner Reichstag mit 100 000 m² Stoff und 15 600 m Seil verhüllt. Ein beeindruckendes Kunstwerk! Da wir noch keine Kunstkenner waren, freuten wir uns einfach darüber, dass man so ein riesiges Gebäude komplett wie ein großes Geschenk einpacken konnte.

Lernen, lernen, lernen

Als Schulkinder standen uns nun ganz neue Herausforderungen bevor. In unseren ersten Schuljahren war natürlich zunächst mal das Alphabet zu lernen und mit diesen vielen Buchstaben richtige Wörter zu bilden, bald Wörter zu Sätzen zusammenzufügen und noch ein bisschen später schon richtig lesen und schreiben zu können. Zunächst in Druckschrift und dann in Schreibschrift. Die Schreibschrift, die wir lernen sollten, war die „Vereinfachte Ausgangs-schrift", bei der extra an den ganzen Schnörkeln gespart wurde, damit wir Kinder es einfacher hatten. Aber nicht nur mit Schreiben, auch mit Mathematik befassten wir uns. Wir lernten die Einer, die Zehner und die Hunderter, das Plus- und das Minuszeichen kennen, beschäftigten uns mit komplizierten Auf-gabenstellungen wie: „Paul hat 15 Kirschen, weil er so großen Hunger hat, isst er 5 Stück auf, 3 Stück schenkt er seiner kleinen Schwester. Wie viele Kirschen hat Paul noch zum Essen übrig?" Ganz schön kompliziert, wenn man bedenkt, dass man nur zehn Finger hat, die uns anfangs eine der wichtigsten Rechen-hilfen waren. Daneben hatten wir noch Sachkunde-, Musik-, Religions- und Sportunterricht. Doch die Pausen waren die schönste Zeit am Schulvormittag.

Unsere erste Klasse.

Diese verbrachten
wir tobend und
spielend mit
unseren Klassenka-
meraden. Bei den
Mädchen war das
Turnen am Reck sehr beliebt. Schnell wurden
eine Vorwärtsrolle, kopfüber an den Beinen schaukeln oder ein Aufschwung zu
den einfachsten Übungen. Die Jungen rannten derweil auf einer Wiese oder
dem Schulhof entlang und spielten Fußball. Besonders stolz war man da, wenn
man mit den großen Zweit- oder Drittklässlern spielen durfte und gegen diese
im besten Fall sogar noch gewann. Turnten wir mal nicht am Reck oder spielten nicht Fußball, so hüpften wir gerne Springseil oder Gummitwist auf dem
Schulhof oder spielten Fangen und Räuber und Gendarm.

Gummitwist war beliebt in Schul-
pausen und zu Hause im Garten.

Hausaufgaben, Wandertage und Klassenfahrten

Wenn wir mittags aus der Schule
heimkamen, standen die Hausaufgaben
auf dem Plan. Zum Glück waren diese
in der Grundschule am Anfang noch
ziemlich schnell erledigt und machten
uns sogar manchmal Spaß.

Eine Sache war in unserer Grundschulzeit noch eine Neuheit. Wir sollten
schon in der 4. Klasse Englischunter-
richt erhalten. Zwar war dieser nicht

Wandertag mit der Schule –
noch schnell zum Gruppenfoto aufstellen.

sonderlich effektiv und unsere Englischlehrer in der weiterführenden Schule hatten allerhand damit zu tun, uns die falsche Aussprache wieder abzugewöhnen, aber uns machte das Englischlernen Spaß und auch stolz.

Wir '89er waren der erste Jahrgang, der schon von Schulbeginn an die neue Rechtschreibung lernte. Damit hatten wir einen klaren Vorteil den vorherigen Jahrgängen gegenüber, denn wir mussten uns nicht zahlreiche Buckel-S („ß") abgewöhnen. Auch bei der Kommasetzung mussten wir uns nicht umstellen, denn wir hatten sie gleich so gelernt, wie man sie heute verwendet.

Etwas Besonderes waren für uns in der Grundschule die regelmäßigen Wandertage und Ausflüge. Morgens trafen wir uns alle wie üblich vor der Schule, aber statt des

Auch eine kleine Pause muss beim Wandern mal sein.

Schulranzens hatten wir einen Rucksack mit Essen und Getränken auf dem Rücken. Wir wanderten durch Wälder, über Wiesen, vielleicht zu einem Minigolfplatz oder einer Grillhütte. Da uns solche Ausflüge ziemlich viel Spaß machten, freuten wir uns noch mehr auf die bald anstehende erste Klassenfahrt meist gegen Ende der Grundschulzeit.

Hello Dolly!

Dolly sah zwar aus wie ein ganz normales walisisches Bergschaf, war aber etwas ganz Besonderes: Denn sie war das erste geklonte Säugetier weltweit. Als Spender für die Erbinformation dienten dabei ausdifferenzierte somatische Zellen. Dolly kam am 5. Juli 1996 zur Welt. Im Roslin Institute in Schottland wurden 277 Eizellen mit Zellkernen bestückt, die man aus Euterzellen vom Spenderschaf Finn Dorset entnahm. 29 Embryonen entstanden daraus und von diesen überlebte wiederum ein Embryo, später bekannt als „Dolly", der in eine Leihmutter eingepflanzt wurde. Namenspatin des geklonten Schafs war die Country-Sängerin Dolly Parton.

Dolly war das Ergebnis der Forschung von Ian Wilmut, der seine Ergebnisse erstmals am 22. Februar 1997 präsentierte.

Mit fast sieben Jahren musste Dolly am 14. Februar 2003 wegen einer schweren Lungenerkrankung eingeschläfert werden. Verwunderlich war, dass Dolly bereits in ihrem jungen Alter frühe Alterserscheinungen wie zum Beispiel Arthritis zeigte. Man vermutete, dass dies eine Folge des Klonens sein könnte, da die eingepflanzten Zellkerne aus bereits ausgewachsenen Tieren stammten.

Heute ist Dolly als erstes geklontes Säugetier ausgestellt im Royal Museum of Scotland.

7. bis 10. Lebensjahr

Kirche und Kommunion

Den katholischen Kindern unter uns stand mit meist neun Jahren ein besonderes Fest bevor: Die Erstkommunion. Sorgfältig wurden wir auf dieses feierliche Ereignis in kleinen Gruppen im Kommunionsunterricht vorbereitet. Aber auch häufige Besuche der sonntäglichen Messe standen für uns an. Schon Wochen vor der Erstkommunion gingen die Vorbereitungen auch für unsere Eltern los: Eine Kommunionskerze musste gekauft oder gebastelt werden, die Mädchen brauchten traditionell weiße Kleider, die Jungen einen schicken Anzug. Für Verwandte und Freunde mussten Einladungen geschrieben werden, für den Tag der Kommunion musste ein Raum für die Familienfestlichkeit gefunden und auch ein schönes Essen vorbereitet werden. Dann stand der große Tag vor der Tür: der „Weiße Sonntag", also der erste Sonntag nach Ostern. Am Vorabend lagen wir im Bett und konnten vor Aufregung nicht einschlafen, schließlich sollten wir morgen offiziell in die Gemeinde aufgenommen werden. Dennoch verbrachten wir trotz Aufregung und manchen kleinen Pannen, wie zerbrochenen Kommunionskerzen oder Flecken auf dem Kommunionskleid, einen schönen Tag, der uns noch lange in Erinnerung bleiben würde.

Sehr festlich sahen wir an unserer Kommunion aus.

Neue Interessen

Gerade hatten wir im Kindergarten noch freudestrahlend „Pitsch-platsch-Pinguin" und „Dornröschen war ein schönes Kind" gesungen, als sich in der Grundschule unser Musikgeschmack ausprägte. Zum Ende der Grundschulzeit wurden wir „Fan", sei es von Britney Spears, den Backstreet Boys, Blümchen, Sasha oder Falco. Durchs Radio dröhnten Hits wie „One more time" und „Born to make you happy" von Britney Spears, „Quit playing games with my heart" von den Backstreet Boys, „Egoist" von Falco, oder „MfG – mit freundlichen Grüßen" von den Fanta Vier und schon bald konnten wir die ersten Musiktitel mitsingen. Zu Weihnachten und Geburtstagen wünschten wir uns nun CDs von unseren Idolen und meistens auch gleich dazu den ersten eigenen CD-Spieler. Besonders beliebt waren bei uns CDs von „The Dome" und „Bravo Hits".

Wir hatten aber nicht nur ein Interesse für Musik, auch das Tauschen machte uns besondere Freude. Zunächst tauschten wir Sticker, die wir fein säuberlich in unsere Stickeralben klebten. Doch bald wurden aus Stickern Diddl-Blätter und besonders bei den Mädchen begann damit ein riesiger Diddl-Wahn. Wir wünschten uns Blöcke, Plüschfiguren, Freundschaftsbücher, Stifte, Radierer und sogar Taschen von Diddl. Auch das Magazin „Diddls Käseblatt" kauften wir uns regelmäßig. Viele von uns häuften riesige Mengen an Diddl-Artikeln aller Art an

Die Jungen, die sich bis auf einige Ausnahmen nicht für Diddl-Blätter interessierten, hatten eine andere „Tauschware", nämlich Magic- und Pokémon-Karten, die in ihrer Beliebtheit den Diddl-Blättern um nichts nachstanden. Pokémon war v. a. wegen der passenden Fernsehsendung auf RTL II so beliebt bei den Jungen.

Trotz unserer Leidenschaft für die Charts, auf den Spielplatz gingen wir immer noch gerne.

7. bis 10. Lebensjahr

Diddl-Maus und Pokémon

Als Thomas Goletz 1990 die erste Skizze der berühmten Diddl anfertigte, sah sie noch nicht wie eine Maus aus, sondern wie ein Känguru. Zwar war sie schon mit großen Füßen und einer Latzhose ausgestattet, aber erst in den folgenden Jahren wurden Ohren und Füße größer und runder und das Känguru entwickelte sich zu der Springmaus, die wir heute kennen. Diddl wurde bald zu einem absoluten Renner: Es kamen unzählige verschiedene Diddl-Blöcke auf den Markt, sowie alle Arten von Plüschfiguren, Büchern, Schultaschen, Parfüm, Make-up und noch zahlreiche andere Produkte. In den folgenden Jahren entwickelte Goletz noch weitere Figuren für Kinder, die er als Diddls Freunde publizierte, so zum Beispiel Diddlina und Pimboli. Die Zielgruppe der Diddl-Artikel waren zum größten Teil Kinder, doch auch einzelne Erwachsene waren dem Diddl-Sammelfiber erlegen.

Für die Jungen gab es ein Pendant: Pokémon! 1996 wurde erstmals das Spiel Pokémon veröffentlicht. Ausgedacht hatten sich dieses Fantasiewesen Tajiri Satoshi und die japanische Spielsoftwarefirma Game Freak inc. Pokémon ist die Kurzform von „pocket monsters". Bei dem Spiel konnten die Pokémons von den sogenannten Trainern gefangen, gesammelt, getauscht und trainiert werden. Nach den Erfolgen des Spiels, welches besonders durch die Firma Nintendo bekannt wurde, folgten bald auch die Verfilmung als Anime-Fernsehserie und seit 1998 diverse Kinofilme. 1999 wurde die Pokémon-Serie in Deutschland erstmals von RTL II ausgestrahlt. Die Hauptrolle des Zeichentrickfilms spielt der zehnjährige Ash Ketchum, der der größte Pokémon-Trainer aller Zeiten werden will. Begleitet wird er von seiner Freundin Misty und dem gelben Pokémon Pikachu. Später kamen auch Pokémon-Sammelkarten, Taschen, T-Shirts und andere Produkte auf den Markt. Pokémon ist heute eines der erfolgreichsten Produkte der modernen Spiele-Industrie und war auch bei unserem Jahrgang äußerst beliebt.

Pokémon und Diddl waren unsere Favoriten.

Gemeinsam im Garten spielen, das macht Spaß. Besonders wenn man versucht ein Lagerfeuer zu machen. Ob dieses hier wohl angegangen ist?

Wissensdurst und Unterhaltung

In der Schule lernten wir in unseren ersten vier Jahren unheimlich viel. Unser Wissen bezogen wir damals aber nicht nur aus der Schule, nein, auch aus dem Fernsehen und aus Zeitschriften, für die wir uns mehr und mehr interessierten. So schauten wir begeistert die „Sendung mit der Maus" und „Löwenzahn" mit Peter Lustig. Aber auch Serien zu den großen Disney-Filmen wie „Aladin" oder „König der Löwen" standen für uns auf dem Programm. Besonders in waren Animes, die aus Japan zu uns herübergeschwappten Zeichentrickfilme wie „Sailermoon", „Dragon Ball", „Pokémon" oder „Mila Superstar".

Auch bei Zeitschriften hatten wir eine große Auswahl, so waren viele von uns begeisterte Micky-Maus-Magazin-Leser und -Sammler. Jede Woche kam das neue Heft in die Zeitschriftenläden und wir gingen pünktlich zum Erscheinen der Zeitung dorthin, um ein neues Exemplar zu ergattern. Darin fanden sich immer tolle Geschenkbeilagen, mal eine Kamera, aus der Wasser spritzt, wenn man ein Foto macht, mal ein Micky-Maus-Furzkissen und mal eine Kaugummibox, die zuschnappt, wenn man ein Kaugummi herausnehmen will. Damit konnte man Schulkameraden wie Lehrer gut reinlegen. Außerdem fanden sich in den Heften immer gute Witze, Geschichten von Onkel Dagobert, Donald und seinen drei Neffen, von Micky, Mini und Goofy. Eine Zeitung, die Jungen wie

Fahrradpaß
zur Radfahrausbildung

LANDES
VERKEHRS
WACHT
HESSEN

Auch den Fahrradführerschein machten wir alle in der Grundschule, denn bei uns stand mehr als nur das Abc auf dem Programm.

Mädchen gut gefiel, war das Wissens-magazin Geolino, das seit 1996 in den Zeitschriftenläden auslag. Geolino drehte sich hauptsächlich um spannende wissenschaftliche Themen, die für uns Kinder einfach erklärt wurden. Zum Beispiel: Wieso halten manche Tiere Winterschlaf und warum essen Hunde am liebsten Fleisch?

Obwohl uns eine Menge Unterhaltung im TV, der Musikwelt und in diversen Magazinen geboten wurde, hatten wir dennoch an einer Sache am meisten Spaß: draußen im Freien zu spielen, ob Fußball oder Verstecken. Je mehr Leute wir waren, umso mehr Spaß machte uns das Ganze!

Geburtstag: der schönste Tag im Jahr

Endlich Geburtstag! Und schon in der Grundschule wussten wir, dass man den Tag gehörig feiern muss. So begann schon einige Zeit vor dem eigentlichen Fest die Planung für unsere Geburtstagsfete. Beson-ders schwierig war dabei immer: Wen lade ich ein? Natürlich mussten das zunächst die Kinder sein, bei denen man selbst auch immer zum Geburtstag eingeladen war. Dann verschiedene andere Schulfreunde und all die Leute, die man von den

Gleich gibt's leckeren Geburtstagskuchen.

zahlreichen Freizeitbeschäfti-
gungen kannte. Aber da
machten uns meist unsere
Eltern einen Strich durch die
Rechnung: Mehr als zehn
Kinder geht nicht! Also
mussten wir uns auf die zehn
wichtigsten einigen, das
waren Paul, Florian, Sophie,
Marius, Anna … Zu Hause
wurden noch schleunigst die
Einladungen gebastelt und
geschrieben und am nächsten
Tag konnten wir sie in der
Schule verteilen und ernteten
dabei manch bösen Blick von
den Kindern, denen wir keine
Karte gaben. Doch die
Vorbereitung war noch nicht
beendet. Was sollte es zu
essen geben? Hamburger,
Pizza oder doch lieber Spa-
ghetti Bolognese? Süßigkeiten
mussten gekauft werden,
denn ein Geburtstag ohne

Hula-Hoop-Wettbewerbe gefielen vor allem
den Mädchen auf Kindergeburtstagen.

Süßigkeiten wäre kein richtiger Geburtstag.

Ein richtiges Geburtstagsgeschenk-Highlight war ein ganz persönliches
Haustier. Keins aus Haut und Haaren, sondern eins, das in einem kleinen „Ei"
lebte: Na klar, das Tamagotchi! Mit einem Tamagotchi in der Tasche sahen wir
uns schon in einer sehr großen Verantwortung, denn das hieß mindestens jede
Stunde füttern, streicheln, Gassi gehen … Und schon bald nahmen wir unser
Haustier auch mit in die Schule, um es stets versorgen zu können, was die
Lehrer nach einiger Zeit des nervigen Piepsens zu einem Tamagotchi-Verbot
bewegte. Für unsere virtuellen Katzen, Hunde oder Vögel besiegelte dies

leider den sicheren Tod, aber zum Glück war das keine dauerhafte Sache, denn per Knopfdruck startete man das Tamgotchi-Leben einfach von Neuem.

Aber nicht nur Tamagotchis waren tolle Geschenke. Klassiker bei den Mädchen waren Barbies, Springseile, Gummitwistbänder, Hula-Hoop-Reifen. Die Jungs fanden Fußbälle, Lego-Technik und Computerspiele toll. Ein Renner waren außerdem immer Spielsachen von Playmobil, denn davon besaß eigentlich jedes Kind schon ein gutes Sortiment, das uns erweiterungswürdig erschien.

Nach dem Geschenkeauspacken sollte das Programm für uns losgehen. Auf jedem Kindergeburtstag durften typische Spiele nicht fehlen. Das waren meist die unterhaltsamen Klassiker wie Topfschlagen, Fangen, Fußballspielen, Sackhüpfen und Schnitzeljagd. So wurde stundenlang getobt und gespielt, geschrien, manchmal geweint und viel gelacht. Eins stand fest: Am Ende eines jeden Kindergeburtstags waren alle Kinder und auch unsere Eltern völlig erschöpft, aber zumindest wir freuten uns auf den nächsten anstehenden Geburtstag.

Tamagotchi

Eiförmig, fast 6 cm hoch, 4 cm breit und 1,5 cm dick, ein Display mit 32-x-16-Pixel-Auflösung und begleitet von einem dauerhaften Piepton. Was ist das wohl? Richtig, das aus Japan stammende Tamagotchi. Zu finden in jedem Kinderzimmer in den Neunzigerjahren. Der Begriff ist eine Zusammensetzung aus tamago (= Ei) und wotchi (= Uhr). Bei dem Tamagotchi handelt es sich um ein virtuelles Küken, das man von seinem Schlüpfen an umsorgen und pflegen muss wie ein echtes Haustier. Füttern, streicheln, spielen in regelmäßigen Abständen. Vernachlässigt man es, so stirbt es, es kann aber jeder Zeit durch einen einfachen Knopfdruck wieder zum Leben erweckt werden.

Erfunden wurde das kleine Ei 1996 in Japan von Aki-Maita und es wurde zunächst nur auf dem japanischen Markt angeboten. Doch schon bald wurde es wegen des großen Erfolgs auch in den USA und Europa verkauft. Das Tamgotchi wurde schnell zum Kultobjekt. Dieser Hype war zwar sehr intensiv, hielt aber nur wenige Monate an. Das Tamagotchi verschwand bald wieder von der Bildfläche.

Unser „Baby".

Muggels, Hogwarts und Politik

Wir waren schon lang genug in der Schule, um selbst dicke Bücher lesen zu können – wenn wir gewollt hätten, denn einige von uns zogen Gameboys oder Fußballplätze den Büchern vor. Aber ein Buch brachte in dieser Zeit fast alle von uns zum Lesen: 1998 kam „Harry Potter und der Stein der Weisen" auf den Buchmarkt. Die Geschichte von dem jungen Zauberer Harry, der in der

In der Grundschule lernten
wir schon bald das Lesen.

Zaubererschule Hogwarts mit seinen Freunden Ron und Hermine allerhand
Abenteuer erlebt, schlug auf der ganzen Welt wie eine Bombe ein. Deutsch-
land war schon bald im Harry-Potter-Fieber. Weitere sechs Bücher über Harry
sollten in den nächsten Jahren noch folgen. 2007 endete die große
Geschichte in dem Buch „Harry Potter und die Heiligtümer des Todes".
Joanne K. Rowling hat mittlerweile mehrere Hundertmillionen Harry-Potter-
Bücher weltweit verkauft und ist so von der arbeitslosen Schriftstellerin zur
Multimillionärin aufgestiegen. Fanartikel, Harry-Potter-Lesenächte und Kino-
filme waren auf ganzer Linie ein Erfolg.

Aber nicht nur Harry Potter interessierte uns, auch ernstere Themen wurden in der Grundschule während der Pause besprochen. Ein Ereignis bewegte viele von uns: Im Sommer 1997 verunglückt Prinzessin Diana, die als „Königin der Herzen" bekannt wurde, bei einem Autounfall in Paris tödlich. In den Medien waren tagelang Bilder von diesem Unfall, aber noch viel mehr Bilder von trauernden Menschen auf der ganzen Welt und Blumenbergen vor dem Buckingham Palace zu sehen. Elton John schrieb ihr den Song „Candle in the Wind", zu dem die Welt trauerte.

Erschüttert waren wir auch, als wir vom ICE-Unglück in Eschede erfuhren, bei dem über 100 Menschen starben.

Eines der ersten Ereignisse in der deutschen Politik, das uns im Gedächtnis geblieben ist, war 1998 die Wahl Gerhard Schröders zum Bundeskanzler. Auf dem Schulhof war sie ein Teil unserer Gespräche. Zwar verstanden wir das ganze Geschäft mit der Politik noch nicht, aber Gerhard Schröder und Co. interessierte uns trotzdem. Denn immerhin hörte man von ihm zu Hause am Abendbrottisch oder wenn man mit den Eltern im Fernsehen die Tagesschau sah.

ICE-Unglück von Eschede

Am 3. Juni 1998 ereignete sich auf der ICE-Linie Hamburg Altona – München das bisher schwerste Eisenbahnunglück der deutschen Geschichte. Der ICE 884 „Wilhelm Conrad Röntgen" entgleiste nahe dem niedersächsischen Eschede und fuhr mit mehr als 200 Stundenkilometern in eine Brücke. In dem ICE befanden sich zum Zeitpunkt des Unglücks fast 300 Menschen. Auslöser war ein gebrochener Radreifen. Der verkeilte Radreifen hob einen Teil der Weichen von den Schwellen und katapultierte so den Waggon aus den Gleisen. Durch das hohe Tempo stellte sich der Waggon quer. Das Ende des Waggons prallte gegen einen Brückenpfeiler und brachte diesen zum Einstürzen. Teile des Zuges wurden von dieser Brücke begraben, die anderen Waggons schoben sich wie eine Harmonika zusammen. Nur Sekunden nach dem Einsturz der Brücke kam der Zug zum Stehen. Binnen kurzer Zeit begann ein Rettungseinsatz. Ärzte, Feuerwehr, freiwillige Helfer und selbst britische Soldaten aus einer nahe gelegenen Kaserne rückten zum Rettungseinsatz aus. Nach einigen Stunden befanden sich mehr als 1000 Helfer am Unglücksort.

Bei dem Unglück starben 101 Menschen, 119 weitere wurden zum Teil schwer verletzt. Da man bis dato den ICE für eins der sichersten Transportmittel gehalten hatte, war die Bevölkerung über dieses Ereignis tief erschüttert.

Schön war die Jugend, **so sorglos und frei …**

Auf zur ersten Klassenfahrt in der neuen Schule – schon im Bus hatten wir gute Laune und machten Stimmung.

Schon wieder ein neuer Lebensabschnitt

Auch in der Grundschule konnten wir nicht ewig bleiben. In den letzten vier Jahren hatten wir mehr oder weniger fleißig rechnen, lesen und schreiben geübt. Hatten im Sachkundeunterricht spannende Themen wie das „Leben der Igel" oder „unsere Region" durchgenommen. Hatten den „Fahrradführerschein"

Chronik

1. Januar 1999
Der Euro wird in elf Staaten der EU als Buchgeld eingeführt.

11. August 1999
Totale Sonnenfinsternis über Europa sowie dem westlichen Asien.

18. Januar 2000
CDU-Spendenaffäre: Auf Aufforderung der Partei tritt Altbundeskanzler Helmut Kohl als Ehrenvorsitzender der CDU zurück.

1. Juni 2000
Die Weltausstellung EXPO 2000 in Hannover wird eröffnet.

1. Juli 2000
Das Recht auf gewaltfreie Erziehung wird in Deutschland gesetzlich festgeschrieben.

8. April 2000
Einrichtung der ersten deutschen Babyklappe in Hamburg-Altona.

1. Januar 2001
Der Euro wird in zwölf EU-Staaten in Umlauf gebracht.

2. Januar 2001
Die Bundeswehr beginnt mit der Grundausbildung von Frauen an der Waffe.

11. September 2001
Terroranschläge in den USA auf das World Trade Center und das Pentagon fordern mehrere Tausend Todesopfer.

7. Oktober 2001
Als Reaktion auf die Anschläge vom 11. September beginnen die USA mit der „operation enduring freedom".

26. April 2002
Beim Amoklauf von Erfurt tötet ein Schüler 16 Menschen und sich selbst.

5. Mai 2002
Frankreich: Jacques Chirac wird als Staatspräsident wiedergewählt.

22. September 2002
SPD und Grüne können ihre Regierungsmehrheit bei der Bundestagswahl knapp behaupten. Schröder wird erneut Bundeskanzler.

gemacht und kannten uns daher im Straßenverkehr aus. In der Grundschule hatten wir viele gute Freunde gefunden, mit ihnen die Pausen beim Fangenspiel, Gummitwist oder Klettern verbracht, waren gemeinsam auf Klassenfahrt gefahren und hatten uns auch nachmittags oft zum Spielen verabredet. Doch nun stand etwas Neues für uns an: Wir sollten in die weiterführende Schule kommen. Manche von uns in die Hauptschule, andere in die Realschule und wieder andere auf eine Gesamtschule oder ein Gymnasium. Unsere Wege würden sich trennen, so organisierten wir in den letzten Grundschulwochen große Abschlussfeste und versprachen uns, auch in Zukunft im Kontakt zu bleiben. Als Viertklässler waren wir inzwischen die „Großen" gewesen, auf unserer neuen Schule fingen wir wieder ganz von vorne an. Doch auch der Schulalltag in der neuen Schule war dem der alten recht ähnlich. Schnell fanden wir neue Freunde, wir gingen weiter in der Freizeit unseren Hobbys nach, spielten in der Pause mit Tennisbällen Fußball und mussten nachmittags Hausaufgaben machen, wenn auch mehr als in der Grundschule. Nur die Anzahl der Lehrer, Fächer, Schulstunden und Klassenräume hatte deutlich zugenommen.

Größere Klassenfahrten standen nun auf dem Programm. Uns machten sie Spaß wie früher schon, doch für die Lehrer muss es eine Tortur gewesen sein. Schon im Bus hörte fast jeder mit seinem eigenen Discman Musik und unterhielt sich dabei lautstark. In der Jugendherberge angekommen ging der Spaß weiter, Zimmer wurden aufgeteilt, Süßigkeiten in den Schränken verstaut, Taschen im Zimmer verstreut und Unordnung auf ganzer Linie geschaffen. Aber bei Tage waren wir noch recht friedlich, der Spaß fing am Abend an. Wir wollten unbedingt eine Disco veranstalten, das fanden wir irgendwie cool. Und die Stunden vorher verbrachten wir damit, uns für dieses Ereignis hübsch zu machen. Weil wir aber mit unseren elf bis 13 Jahren noch fast alles peinlich fanden, wurde bei diesen Klassenfahrtdiscos wenig getanzt. Nachts waren wir trotzdem nicht müde, rannten heimlich auf den Fluren herum, wenn wir das Gefühl hatten, dass die Lehrer uns nicht hören konnten, und besuchten die anderen Zimmer. Kamen überraschend die Lehrer herein, versteckten wir uns schnell unterm Bett oder im Schrank. Doch weil wir uns dabei das Lachen meist nicht verkneifen konnten, wurden wir bald entdeckt und schlurften zurück in unser eigenes Zimmer. Für diese Nacht sollte dann Ruhe herrschen, aber es würden ja noch weitere folgen. Klassenfahrten gingen schnell herum und nach einer Woche in der Fremde freuten wir uns auch schon wieder auf zu Hause, auf Mama und Papa und die Geschwister und besonders auf gutes und leckeres Essen. Denn in Jugendherbergen schmeckte es uns meist aus Prinzip nicht.

In der Schule wurden wir seit 2000 dauerhaft mit einem neuen „Unwort" konfrontiert: PISA! PISA war eine Studie, durchgeführt in den OECD-Staaten, um die Schulleistungen von Schülern verschiedener Länder zu vergleichen. Leider schnitt Deutschland bei dieser Studie nicht gut ab. Und wer musste es ausbaden? Wir!

Auch Ausflüge standen bei Klassenfahrten auf dem Programm, da hieß es raus aus der Jugendherberge und ein bisschen Kultur genießen.

Auf ins neue Jahrtausend

Überall fand man im Laufe des Jahres 1999 in den Geschäften Millenniumsartikel und kaufte schon Wochen vor Silvester allerhand davon. Es waren Kerzen in Form einer 2000 oder riesige Millennium-Schokoladen von Milka. Man könnte sagen: Wir bereiteten uns auf das neue Jahrtausend sorgfältig vor. Dies sah man auch daran, dass das Wort „Millennium" von der Gesellschaft für deutsche Sprache zum Wort des Jahres 1999 gewählt wurde. Aber nicht nur freudig und euphorisch schaute man dem neuen Jahrtausend entgegen. Auch zahlreiche verheerende Prophezeiungen wurden gemacht. So befürchtete man die Ausfälle der Computersysteme und Abstürze der Rechner, was ein totales Chaos in unserer technisierten Welt nach sich ziehen würde. Vorsorglich legten sich manche Menschen Millenniumsvorräte an: Sie stapelten Konserven, Wasser und verschiedene andere Lebensmittel im Keller. Selbst wenn wir keine Panik schoben, waren wir in der Silvesternacht vom 31. Dezember 1999 auf den 1. Januar 2000 etwas nervös: Was würde wohl passieren? Wir feierten mit unseren elf, zwölf Jahren meist im Kreis unserer Familie und Freunde. Warten auf das neue Jahr war für uns schon immer eine spannende Sache. Zunächst wurde etwas Festliches gegessen, das war bei vielen von uns Raclette oder Fondue. Dann schauten wir Silvester-Galas im Fernsehen, gossen Blei oder spielten ein Brettspiel. Um kurz vor 24 Uhr wurden die Sektgläser zum Anstoßen gefüllt, die Eltern bekamen Sekt und die Kinder entweder Orangensaft oder Kindersekt der Marke Robbie Bubble. Pünktlich zum neuen Jahrtausend wurde angestoßen, gute Wünsche wurden ausgesprochen und schnell ging es ab auf die Straße. Denn jetzt kam für uns der beste Teil des Abends: Böller und Raketen abfeuern. Schon vorher hatten wir mit unseren Eltern zahlreiche Feuerwerkskörper gekauft und freuten uns auf das laute Knallen und die vielen bunten Farben. Eine Sache hatten wir beim Böllern immer im Hinterkopf: Möglichst schnell wegwerfen, denn Horrorgeschichten von zerfetzten Händen durch zu lange gehaltene Silvesterknaller kannten wir alle.

Aber was wurde aus all den Prophezeiungen? Außer, dass auf der ganzen Welt in riesigen Festen der Anbruch des neuen Jahrtausends begangen wurde, passierte nichts, alle Computer liefen und auch die Erde drehte sich weiter.

So ein Handy war sehr praktisch: Wenn man zum Beispiel im Zeltlager war, konnte man die Feriengrüße per SMS statt per Postkarte versenden.

Die High-Tech-Generation

Dass die Computer noch im 21. Jahrhundert funktionierten, konnten wir inzwischen schon selbst zu Hause ausprobieren. Denn im Jahr 2000 hatte eigentlich schon jede Familie einen Computer. Mit ihm spielten wir beliebte Spiele wie „TKKG" oder diverse Autorennen, später auch „Sims" oder „Counter Strike". Auch das Internet war im neuen Jahrtausend auf dem Vormarsch, schon in der 7. Klasse hatte fast jeder Zugang zum Internet. Meist kannten wir uns sogar schon besser mit dem PC und dem Internet aus als unsere Eltern.

Das Internet war wohl eine der wichtigsten Errungenschaften der Neunzigerjahre für uns. Natürlich neben dem Handy, welches auch ein „Kind der Neunziger" ist. Mobiltelefone waren bei uns in Windeseile verbreitet. Die ersten unter uns hatten ein Samsung- oder ein Nokia-Modell, die weder mit einem Farbdisplay ausgestattet waren, noch anderen Schnickschnack besaßen. Besonders Nokia-Handys erfreuten sich anfangs einer ungemeinen Beliebtheit, denn auf ihnen befand sich „Snake", ein Handygame, bei dem man eine immer länger

werdende Schlange über das Display lenken und mit ihr Essen einsammeln musste. Berührte man die Ränder des Displays oder die Schlange selbst, so hatte man verloren. Unter uns gab es bald regelrechte Profis im Snake spielen. Aber nicht nur Snake war ein Grund, wieso man am liebsten ein eigenes Mobiltelefon besessen hätte, sondern wir er agen auch dem Reiz des SMS-Schreibens. Short Messages hielten wir für überaus praktisch und cool. Schaffte man es, sich auf dem Schulhof heimlich über diverse Kontakte die Handynummer von einem interessanten Jungen oder Mädchen zu besorgen, so konnte man den Schwarm prompt und relativ anonym anschreiben. Als die ersten Kinder mit dem eigenen Handy in die Schule kamen, wollte natürlich jeder eins besitzen. Und mit 14 hatten die meisten von uns das erste eigene Mobiltelefon, welches kaum noch an die alten Nokias oder Samsungs erinnerte, sondern modern ausgestattet war, mit Kameras, Farbdisplay, Mp3-Player. Man konnte schnell telefonieren, eine SMS schreiben und Fotos machen. Ohne Handy ging gar nichts mehr, wir hatten es immer dabei. Wir waren regelrecht abhängig von unseren Mobiltelefonen und fragten uns: Wie hat man früher ein Leben ohne Handy überhaupt führen können?

Die Geschichte des Internets

Das Internet ist ursprünglich ein Netzwerk des US-Verteidigungsministeriums. Dort wurde 1969 „Arpanet" entwickelt, ein Programm, das zur Vernetzung von Universitäten und Forschungseinrichtungen diente. Das Ziel des Projektes war es, die vorhandenen knappen Rechenkapazitäten möglichst sinnvoll zu nutzen. Gerüchten zufolge war das Ziel des Projektes Arpanet vor dem Hintergrund des Kalten Krieges die Erschaffung eines Kommunikationssystems, das auch im Falle eines Atomkrieges eine Verständi-

gung möglich machen würde. Ab 1990 war Arpanet nicht mehr nur Universitäten zugänglich, sondern mehr und mehr der normalen Bevölkerung, und auch der Name Internet begann sich durchzusetzen. Noch mehr Auftrieb erhielt die neue Technologie 1993 durch das World Wide Web, den ersten kostenfreien grafikfähigen Webbrowser Mosaic.

Das Internet wird immer populärer, heute haben weltweit über 50 % aller Haushalte Zugang zum Internet und aus unserem Alltag ist es nicht mehr wegzudenken.

Terrorismus, Hochwasser und Angst

Am 11. September 2001 wurde die ganze Welt in Angst und Schrecken versetzt. In den USA wurden vier Passagierflugzeuge entführt. Zwei davon wurden in New York in das World Trade Center geflogen und eines ins Pentagon gelenkt.

Die ersten Bilder des Terroranschlags gingen geschwind durch die Welt, wenn man an diesem Tag den Fernseher anschaltete, fanden sich auf allen Sendern die gleichen Bilder von diesem schrecklichen Ereignis. Dabei starben etwa 3000 Menschen. Die Angst vor Terrorismus verbreitete sich in der ganzen Welt. In den USA wurden von da an die Sicherheitsbestimmungen und Kontrollen auf den Flughäfen drastisch verschärft und auch in europäischen Städten versuchte man sich gegen den Terrorismus zu schützen. Es folgten Anschläge in Madrid und London. Damit begann für die westliche Welt eine völlig neue Ära des Krieges: der Krieg gegen den Terrorismus. Man kämpfte gegen einen unsichtbaren Feind.

US-Präsident Bush sah sich aber nicht nur von den Urhebern der Terroranschläge des 11. Septembers, nämlich von terroristischen Organisationen, bedroht, sondern vielmehr von einem ganzen Land: Ein neues Feindbild wurde geschaffen: der Irak, von dem die USA glaubten, dass er in Besitz von Massenvernichtungswaffen sei und diese gegen die westliche Welt einsetzen würde. Der Irak-Krieg ließ nicht mehr lange auf sich warten.

Schon ein Jahr später, 2002, vollzog sich in dem östlichen Teil Europas ein Unglück der anderen Art, eine Naturkatastrophe nahm ihren Lauf: Das Jahrhunderthochwasser der Elbe im Sommer 2002 nahm Tausenden von Familien Hab und Gut. Der Klimawandel hatte voll zugeschlagen. Doch neben allem Unheil brachte diese Katastrophe auch eine Welle der Hilfsbereitschaft hervor. Auf Spendenkonten gingen große Spendenbeträge ein, um den Opfern des Elbehochwassers zu helfen. Der Klimawandel wurde spätestens seit diesem Hochwasser für uns ein immer aktuelleres Thema. G8-Gipfel wurden veranstaltet und zumindest in Europa wurden ehrgeizige Ziele zum Klimaschutz gesteckt.

Party und Politik

Inzwischen waren wir schon 14 Jahre alt und die Pubertät hatte uns voll und ganz eingeholt. So brachten wir die erste Freundin oder den ersten Freund mit nach Hause, tranken heimlich das erste Bier oder nippten an den stark kritisierten „Alkopops". Wir wollten endlich abends auf Achse gehen, wollten feiern und tanzen, doch hatten unsere Eltern noch einiges dagegen, denn immerhin waren wir erst 14 und rechtlich durften wir nur bis 22 Uhr alleine unterwegs sein.

Lan-Partys waren sehr beliebt,
besonders bei den Jungen

Wir wollten damals nicht verstehen, wieso unsere Eltern uns noch nicht alleine abends auf eine Kirmes, einen Rummel oder eine Fete lassen wollten. Mit der Pubertät änderten sich plötzlich unserer Prioritäten und Interessen. Besonders die Mädchen legten viel Wert auf ihr Äußeres. Haare wurden getönt, Make-up aufgetragen und eine Carhartt-Jacke war absolutes Muss für jeden. Auch für die Jungen rückte schon bald der Faktor Styling stärker in den Mittelpunkt. Verständlich, denn in den Medien sah man immer mehr top gestylte Männer. David Beckham war in Sachen Aussehen Vorbild Nummer eins.

Neben den Tanzfeten kam eine andere Art der Party in Mode: Lan-Partys. Schnell ging der Spruch „Wer ist denn dieser Lan und wieso macht er so viele Partys?" durch die Klassen. Bei Lan-Partys trafen wir uns bei einem Freund, alle mussten dazu ihre Rechner mitbringen, diese wurden miteinander verbunden und wir spielten Stunden gemeinsam Computerspiele, besonders gerne Spiele wie Counter Strike. Der Lan-Party-Gastgeber organisierte für uns die Verpflegung. Es gab private kleinere Lan-Partys und große, fast öffentliche Veranstaltungen, die in Turnhallen oder Jugendzentren stattfanden.

Die ersten sommerlichen Partys, da durfte das Bier natürlich nicht fehlen, die Eltern mussten davon ja nichts wissen.

Konfirmation und Tanzschule

Mit 14 Jahren stand bei vielen von uns auch noch ein anderes Fest vor der Tür, die Evangelischen unter uns hatten in diesem Jahr ihre Konfirmation. Auf dieses Ereignis wurden wir im vorhergegangenen Jahr bei „Konfer"-Unterricht und Gottesdienstbesuchen vorbereitet.

An einem Sonntag im April oder Mai stand das große Fest an. Anders als bei der Kommunion, bei der die Mädchen weiße Kleider tragen, waren fast alle Konfirmanden in ein feierliches Schwarz oder Blau gehüllt. Vor der Kirche versammelten wir uns

Mitten im bunten Treiben – unsere ersten Discobesuche.

zunächst und liefen dann gemeinsam mit Pfarrer oder Pfarrerin in die Kirche ein, wurden konfirmiert, erhielten den Segen und verließen die Kirche wieder voller Vorfreude auf die familieninternen Festlichkeiten. Zur Konfirmation bekamen wir viele Geschenke, Verwandte reisten an, um diesen Tag mit uns zu verbringen, wir machten uns schick und freuten uns, weil die Konfirmation für uns ein Zeichen war, dass wir nun endlich „erwachsen" waren.

Nach der Konfirmandenzeit war es vielerorts üblich, eine Tanzschule zu besuchen. So machten wir uns also mit unseren 15 Jahren bald zum ersten Mal auf den Weg, um „Discofox" und „Cha-Cha-Cha" zu lernen. Obwohl wir zunächst nicht verstanden, wieso man überhaupt Standardtänze lernen sollte, und daher in der Tanzstunde auch nicht so viel Sinn sahen, machte uns das

Tanzen bald große Freude. Mit 14 Jahren waren wir zum Glück auch nicht mehr so schüchtern und hatten keine großen Probleme, mit dem anderen Geschlecht eine flotte Sohle aufs Parkett zu legen. Gekrönt wurden unsere Tanzbemühungen dann mit einem Abschlussball, für den wir uns alle mächtig aufdonnerten mit schicken Anzügen und eleganten Kleidern. Irgendwie war das schon etwas Besonderes für uns und viele von denen, die damals keinen Tanzkurs gemacht hatten, ärgerten sich spätestens beim Abi- oder Schulabschlussball.

Fein gemacht zur Konfirmation.

„Herr der Ringe"

Am 19. Dezember 2001 kam der Fantasyfilm „Herr der Ringe – Die Gefährten" in die deutschen Kinos. Dies war der erste Teil der Verfilmung der gleichnamigen Trilogie von J.R.R. Tolkien. Der Film war eine der aufwendigsten Filmproduktionen, die bis dahin existieren. Hauptsächlich wurde er in Neuseeland gedreht und überzeugte neben beeindruckenden Kostümen und Kampfszenen auch noch durch eine wunderschöne Natur. Regie wurde von Peter Jackson geführt. In Deutschland lockte der erste Teil der „Herr der Ringe" 11,7 Millionen Zuschauer in die Kinos

und weltweit über 871 Millionen Menschen. Kaum abwarten konnten wir, dass auch der zweite und dritte Teil der Trilogie über die Leinwand flimmern würde. 2002 kam dann endlich „Der Herr der Ringe – Die zwei Türme" und 2003 „Die Rückkehr des Königs" in die Kinos. Die besonders Hartgesottenen unter uns besuchten 2003 „Herr-der-Ringe-Nächte", also Filmvorstellungen, die den ersten, zweiten und dritten Teil am Stück zeigten. Man verbrachte dann fast zehn Stunden in Kinosesseln. Aber auch die Bücher von J. R. R. Tolkien erfreuten sich nach dem Kinofilm immer größerer Beliebtheit.

Das Leben beginnt – **Schul-abschluss, Feten und Führerschein**

Der Jahrhundertsommer –
wir '89er wussten uns schon immer zu helfen.

Sommer, Sonne ...

Besonders auf den Sommer freuten wir uns sehr. Doch der war in den letzten Jahren eher kühl und feucht ausgefallen. Wer hätte da erahnen

können, dass 2003 ein Jahrhundertsommer vor der Tür stand. Ende April ging es mit Temperaturen um die 30 Grad los, die Schwimmbäder wurden daraufhin frühzeitig geöffnet. Den ganzen Sommer über wurden die Apriltemperaturen

Chronik

24. März 2003
US-Präsident George W. Bush kündigt dem amerikanischen Volk in einer nur vierminütigen Rede den Beginn des Krieges gegen den Irak an.

1. Mai 2004
Die Europäische Union wird um zehn Mitglieder erweitert: Estland, Lettland, Litauen, Malta, Polen, Slowakei, Slowenien, Tschechische Republik, Ungarn und Republik Zypern (EU-Osterweiterung).

12. Januar 2005
Die USA geben die erfolglose Suche nach Massenvernichtungswaffen im eroberten Irak auf. Eine wichtige Begründung für den Irakkrieg ist damit entfallen.

2. April 2005
Papst Johannes Paul II. stirbt im Alter von 84 Jahren nach fast 27-jährigem Pontifikat. Sein Nachfolger wird der deutsche Kardinal Ratzinger als Benedikt XVI.

1. Juli 2005
Bundeskanzler Gerhard Schröder (SPD) stellt die Vertrauensfrage im Deutschen Bundestag und verliert sie. Nach den vorgezogenen Bundestagswahlen steht Angela Merkel (CDU) als Bundeskanzlerin einer großen Koalition aus CDU und SPD vor.

19. Mai 2006
Der Bundestag beschließt die Erhöhung der Mehrwertsteuer von 16 % auf 19 %.

9. Mai 2006
Der als „Kannibale von Rotenburg/F." bekannt gewordene Armin Meiwes wird vom Landgericht wegen Mordes und Störung der Totenruhe zu lebenslanger Freiheitsstrafe verurteilt.

9. März 2007
Die Europäische Union verpflichtet sich verbindlich, den Ausstoß von Treibhausgasen bis 2020 um ein Fünftel im Vergleich zu 1990 zu verringern.

18. Januar 2007
Der Orkan Kyrill fegt über weite Teile Europas hinweg. Er fordert dort 34 Menschenleben und richtet mindestens acht Milliarden Euro Sachschaden allein in Deutschland an.

Zum Volleyballspielen war es in diesem Sommer fast zu heiß, aber manchmal überwanden wir uns dennoch.

noch übertroffen, manchmal sogar 40 Grad erreicht. Das hatte es seit 1947 nicht mehr gegeben. Wir mussten in diesem Sommer gar nicht in den Urlaub fahren, denn in Deutschland herrschte Urlaubswetter pur, während auf Mallorca ein Regenschauer nach dem anderen den Urlaubern die Laune vermieste. So tummelten wir uns zu Hause an Badeseen, am Strand oder in Schwimmbädern. Zum Volleyballspielen oder anderen Sportbeschäftigungen war es schon beinahe zu warm und wir bequemten uns nur selten dazu. Am Ende des Sommers waren wir knackig braungebrannt. Poolfeten oder gemütliche Abende am Strand, See oder an einem Lagerfeuer veranstalteten wir in diesem Sommer regelmäßig. Dort trafen wir unsere Freunde, tranken mal ein wenig Cola-Bier oder Sangria und erlebten lustige laue Sommernächte.

Ein besonderer Nerven-kitzel war es für einige von uns, nachts heimlich über den Zaun ins Freibad „einzusteigen" und eine Runde zu schwimmen. Dies war doppelt spannend, denn unsere Eltern schliefen seelenruhig und dach-ten, dass wir das Gleiche täten. Doch weit gefehlt, die lieben Kleinen lebten ihre Jugend aus.

Wir fliegen in die Ferne

Wir wurden immer selbstständi-ger und wollten alleine verrei-sen, mit unseren Freunden. Dazu boten sich zwei Möglich-keiten an: Zum einen gab es die Klassen- oder Schulfahrten. Zum anderen konnten wir mit Jugendreisen oder Ferienla-gern oder einfach nur mit einer Handvoll Freunden und einem Zelt unsere Reiselust stillen.

Klassenfahrten oder auch Schüleraustausch waren in unserer Schulzeit immer ein

Bevor es losging zur Klassenfahrt, hieß es manchmal „Warten auf den Billigflieger".

Auf einer Kursfahrt war man viel mit den Freunden unterwegs, auch Sightseeing durfte nicht vergessen werden.

Mit dem Schüleraustausch-Programm ins Ausland zu fahren, war eine beliebte Reisemöglichkeit.

besonderes Highlight. Denn dort bekamen wir viel geboten. Sie führten häufig in das nahe gelegene europäische Ausland, entweder in die Metropolen London, Paris und Rom oder gleich richtig in die Sonne und an den Strand. So verbrachten manche von uns sonnige Tage an der Côte d'Azur oder in der Toskana, andere aufregende Stunden in Madrid oder London.

Unsere Lehrer hatten für uns bei diesen Fahrten immer ein straffes Programm ausgearbeitet. So stapften wir in unzählige Museen, besichtigten alte Ruinen oder Gebäude, wandelten auf den Pfaden von Shakespeare oder Caesar. Zu unmenschlichen Zeiten morgens um 9 Uhr stiegen wir in den Bus, in die U-Bahn oder machten uns zu Fuß auf den Weg zu den Sehenswürdigkeiten, schließlich wollten unsere Lehrer, dass wir auf Klassenfahrten auch etwas lernten. Typisch Lehrer, aber doch viel besser als Schule. Wenn wir unser Tagesprogramm überstanden hatten, ging es für uns erst richtig los. Denn die Nächte gehörten uns, unserer guten Laune, den Feten und Feiern! Für die Städtereisenden unter uns begannen die Abende dann meist mit einem gemeinsamen „Vorglühen" auf den Hotelzimmern, später stürzten wir uns ins

Entspannen am Strand – auch große Kinder bauen gerne mal eine Sandburg.

Gesunde Ernährung? Was gibt es gegen Würstchen und Bier einzuwenden – auf Klassenfahrten manchmal eine willkommene Ersatzmahlzeit.

Getümmel der Städte, in Kneipen, Bars oder Discos. Bei den Strandurlaubern unter uns wurden alle wichtigen Utensilien, also Decken, Getränke und Musik an den Strand oder auf die Terrasse geschleppt und die Party konnte beginnen. Beim Feiern legten wir '89er schon immer eine gute Ausdauer an den Tag und so gingen die Feten auf unseren Klassenfahrten eigentlich täglich bis in die Morgenstunden hinein und morgens früh quälten wir uns verkatert zum Tagesprogramm. Nach einer Woche Klassenfahrt hatten wir zwar akuten Schlafmangel, aber noch immer gute Laune, freuten uns aber auch auf die heimischen bequemen Betten und eine ordentliche Portion Schlaf.

Neben Klassenfahrten und dem Schüleraustausch fuhren wir auch gerne mit ein paar Freunden zum Campen, zum Feiern in eine Großstadt oder bei passender Laune nach „Malle" und „Lloret". Dank der Angebote von Billigfliegern konnten wir nun in die Ferne fliegen und mit Freunden am Strand liegen und feiern.

London, Paris, Köln: mit den Mädels unterwegs.

Auch auf kleineren „Haus-Partys"
hatten wir unseren Spaß.

Partys, Feten, Feiern

Gefeiert wurde bei uns natürlich nicht nur, wenn wir im Urlaub waren, sondern während der Schulzeit fand fast jedes Wochenende eine Fete statt. So ging es dann am Wochenende manchmal in die Disco in die nächstgelegene Stadt, voller Hoffnung, dass man nicht schon um zwölf hinausgeworfen wurde, denn immerhin waren wir noch keine 18. Aber von gelegentlichen Rauswürfen ließen wir uns nicht ab-schrecken und versuchten immer wieder, dem Raus-wurf zu entgehen. Weniger Probleme hatten wir da auf

Besonders einige von uns '89ern bewiesen beim Feiern guten Geschmack.

15. bis 18. Lebensjahr

Kirmessen, Schützen-, Dorf- oder Stadt-festen und Schul-Partys. Denn dort wurde es nicht sonderlich genau genommen, ob man schon 18 war. Nicht nur auf öffentlichen Festen tummelten wir uns, auch private Feiern waren angesagt, zu denen man als Geschenk meist Getränke oder Essen mitbrachte. Besonders in der Ferien-zeit gingen wir spätestens ab dem 16. Lebensjahr unserem neuen Hobby „Feiern" nach und ließen uns dabei nicht lumpen.

Auch Fasching feierten wir großen Kinder noch mit Freude.

Adieu Schule ...

Schon 2004 oder 2005 stand für viele von uns ein völlig neuer Lebensabschnitt vor der Tür. Nach neun oder zehn Jahren Schule machten einige den Haupt-oder Realschulabschluss und blickten einerseits mit Freude, aber auch mit ein wenig Angst in die Zukunft. Schon ein halbes Jahr vor den Abschlussprüfun-gen stand das Schreiben zahlreicher Bewerbungen an. Entweder für eine Fachoberschule, ein Gymnasium, eine andere weiterführende Schule oder aber für einen Ausbildungsplatz bzw. eine Lehrstelle. Denn nicht gerade wenige von uns hatten nach so vielen Jahren die Schule völlig satt und wollten arbeiten und eigenes Geld verdienen. Aber so eine Bewerbung zu schreiben gestaltete sich doch schwieriger als gedacht, denn die wenigsten hatten schon einen konkreten Berufswunsch. Mechaniker, Krankenschwester, Zimmermann? Alles Berufe, die wir schon irgendwie von einem Praktikum, aber auch von Freunden, Verwandten und Bekannten kannten. Das war natürlich eine Option, aber da gab es doch noch viel mehr Möglichkeiten für uns, von Anlagenmechaniker bis Zupfinstrumentenmacher, über 350 verschiedene

Ausbildungsberufe ließen sich allein auf der Homepage der Bundesagentur für Arbeit finden. Die Glücklichen waren die, die schon immer wussten, was sie später einmal werden wollten. Die anderen hatten die Qual der Wahl. Das Schreiben der Bewerbung hatten wir zum Glück schon in der Schule gelernt. Weil wir wussten, wie schwierig es ist, einen Ausbildungsplatz zu finden, bewarben wir uns gleich bei mehreren Unternehmen in der Region oder auch in der Ferne. Manche von uns schrieben um die 50 Bewerbungen, um den gewünschten Ausbildungsplatz zu bekommen. Bald trafen die ersten Absagen, aber auch Einladungen zu Vorstellungsgesprächen und schließlich Zusagen für unseren Ausbildungsplatz ein. Bundesweit wurden in Deutschland im Jahr 2005 550 180 Ausbildungsverträge unterzeichnet. Unsere dreijährige Ausbildung und Zeit in der Berufsschule konnte nun beginnen.

Andere hatten es dann doch etwas einfacher. Nach der 9. oder 10. Klasse ging es einfach mit der Schule weiter. So wechselten viele auf eine Fachoberschule, um ihr Fachabitur nach der zwölften Klasse zu erlangen. Wiederum andere besuchten ein Wirtschaftsgymnasium oder ein „normales" Gymnasium.

Erst mal durchatmen, die Schule ist vorbei.

Bevor wir unseren Schulabschluss in der Tasche hatten, hieß es erstmal: lernen, lernen, lernen …

Kurse statt Klassen, Punkte statt Noten

Allen Gymnasiasten stand auch eine Veränderung im Schulalltag bevor. Denn wir waren nun offiziell Oberstufenschüler. Zunächst mussten wir für die 11. oder 12. Klasse Leistungskurse wählen. An manchen Schulen zwei Leistungskurse, an anderen sogar drei. Auch der Klassenverband sollte fortan nicht mehr existieren. Wir fanden uns in Kursen neu zusammen. Fächer und Lehrer konnten wir teilweise frei wählen und hatten in diesem Punkt schon viel mehr Freiräume als noch in den Jahren zuvor. Die Benotung in der Oberstufe war auch für uns völlig neu, sie ging nicht mehr von 1 bis 6, sondern bediente sich einer 15-Punkte-Skala.

Wir befanden uns gerade voll und ganz auf dem Weg zum Abitur, das in den meisten Bundesländern nach 13 Jahren erreicht wurde, in wenigen aber schon nach zwölf Jahren.

Die Schulzeit ist fast rum und das Feiern kann nun richtig losgehen!

Freundschaften fürs Leben fand man während der Schulzeit … oder bei SchülerVZ.

Und uns war klar: Jetzt wird's ernst, denn die Noten, die wir ab der 12. Klasse erhalten sollten, flossen in unsere Abiturnote ein. Obwohl wir dies wussten, vergaßen wir es liebend gerne, wenngleich wir einen bestimmten Notenschnitt brauchen würden, damit uns nach dem Abitur alle Türen offen stünden. Und der gefürchtete Nc (Numerus clausus) existierte ja auch noch. Dennoch nahmen wir die Schulzeit immer nur so ernst wie nötig, genossen die Pausen, um zu tratschen, und feierten an den Wochenenden. An gemeinsame Schulfeten und Stunden mit Freunden in der Schule auf dem Weg zum Abitur erinnert man sich doch gerne zurück!

Und das erreichte Abitur sollte schließlich auch gehörig gefeiert werden, Abifeten, Abiball, Ab streich, Abizeitung – unvergessliche Erlebnisse!

Um nach der Schulzeit mit den Schulfreunden in Kontakt zu bleiben, da man sich ja nun nicht mehr jeden Tag in der Schule traf, halfen uns das Internet und besonders zwei Internetcommunitys, nämlich StudiVZ und SchülerVZ. Die Internetdomäne StudiVZ richtete sich zwar hauptsächlich an Studenten, aber auch Schüler, Auszubildende oder schon Berufstätige meldeten sich dort an. Wollte man eine Person finden, tippte man die Informationen bei StudiVZ ein und war auch meist erfolgreich. Denn bei StudiVZ hatte fast jeder ein Profil.

StudiVZ und SchülerVZ

Im Oktober 2005 wurde die Internetdomäne StudiVZ gegründet. Diese richtete sich an Studenten aus Deutschland, Österreich und der Schweiz, daher rechnete man mit knapp 2,5 Millionen Anmeldungen. Nach nur drei Jahren waren schon mehr als acht Millionen Menschen Nutzer von StudiVZ, dies war somit das größte deutschsprachige Online-Netzwerk. Das Konzept ist relativ einfach. Jeder Nutzer erhält ein Profil, auf dem er persönliche Informationen über sich einstellen und ein Profilbild hochladen kann. Außerdem wird dort auch die Universität angegeben, an der man studiert. Jedem Nutzer steht auch die Option offen, Fotoalben zu erstellen, die sich Freunde und andere Nutzer anschauen können. Durch die Option „Freund hinzufügen" kann man sich so ein riesiges Netzwerk erschaffen. Zur großen Beliebtheit des Netzwerkes haben auch die Optionen „zu diversen Gruppen beitreten" und „gruscheln" beigetragen. Wegen des großen Erfolges von StudiVZ wurde bald darauf für Schüler die Domäne SchülerVZ gegründet. Sie war beinahe genauso aufgebaut wie StudiVZ, richtete sich aber an Schüler und bestand nach nur zwei Jahren aus einem Netzwerk von mehr als drei Millionen Nutzern.

Berlin, Berlin, wir fahren nach Berlin!

Im Jahr 2006 war „die Welt zu Gast bei Freunden". Deutschland richtete in diesem Jahr vom 9. Juni bis zum 9. Juli die FIFA-Fußballweltmeisterschaft der Herren aus. 32 Nationalmannschaften aus der ganzen Welt traten zur 18. WM an. München, Gelsenkirchen oder Leipzig – in zwölf verschiedenen deutschen Stadien wurden die Spiele ausgetragen. In Deutschland herrschte in dieser Zeit ein Ausnahmezustand. Hotels, Jugendherbergen und Pensionen waren ausgebucht, aus aller Welt reisten Fußballfans an, und in den großen Städten entstanden riesige Fanmeilen. Auch regelmäßige „public viewings" standen in diesen vier Wochen an, bei durchweg gutem Wetter. Klar, dass wir bei diesem Ereignis auch dabei waren. Zu jedem Spiel der deutschen Nationalmannschaft erschienen wir vor den großen Leinwänden in deutschem Trikot, mit kleinen Flaggen ins Gesicht gemalt oder gleich ganz im Deutschlandbikini. Ging man in den vier Wochen Fußball-WM während eines Spiels der deutschen Mannschaft auf die Straßen kleiner Wohnsiedlungen, herrschte dort absolute Stille. Alle, selbst diejenigen, die sich bislang weniger für Fußball interessierten, saßen gespannt vor den Fernsehern. Zunächst sahen viele die Chancen der

deutschen Mannschaft bei dieser Weltmeisterschaft sehr kritisch und ein Ausscheiden in der Vorrunde hielten wir für durchaus möglich. Welche Freude, dass unsere Mannschaft dann zu Höchstleistungen auflief und sich bis ins Halbfinale schoss. Jeden Erfolg feierten wir mit Autokorsos, und die Musik von Sportfreunde Stiller wurde zum Dauerhit, den jeder auswendig konnte: „'54, '74, '90, 2006, ja so stimmen wir alle ein, mit dem Herz in der Hand und der Leidenschaft im Bein werden wir Weltmeister sein." Leider reichte es nicht ganz für den Weltmeistertitel. Im Endspiel standen Italien und Frankreich. Italien wurde nach einem Sieg im Elfmeterschießen

Zur Fußball-WM
nach Berlin.

schließlich Weltmeister. Unser Team belegte einen guten dritten Platz. Nicht zuletzt dank Miroslav Klose, der während der WM fünf Tore für Deutsch and schoss.

Von der Organisation der WM, der guten Stimmung und der deutschen Gastfreundschaft wa⁻ die ganze Welt begeistert. Im Land wurden die schönen, ausgelassenen Wochen der WM später als „Sommermärchen" bezeichnet.

Kein Wunder, dass fast vier Millionen Menschen einige Wochen nach der WM in die Kinos stürmter, um die Stimmung der WM noch einmal zu erleben. Der Dokumentarfilm „Deutschland – ein Sommermärchen" von Sönke Wortmann dokumentierte die Wege der deutschen Nationalmannschaft zur und während der WM 2006. Der Fi m war ein Erfolg in den deutschen Kinos und auch als er im Dezember des Jahres zum ersten Mal in der ARD ausgestrahlt wurde, verfolgten mehr als elf Millionen Zuschauer den Film.

Noch erfolgreicher als die Fußball-Herren waren die deutschen Fußball-Damen. Denn diese wurden am 30. September 2007 in China Fußballweltmeisterinnen. Nach diesem Erfolg wurde der Frauenfußball in Deutschland immer beliebter.

Endlich den Führerschein

Je älter wir wurden, umso mehr waren wir unterwegs. Mal ging es abends ins Kino, mal nachmittags an einen Badesee, am Wochenende in Discos oder auf Feten und nachmittags und abends verabredeten wir uns regelmäßig mit Freunden. Störend dabei war, dass wir immer unsere Eltern fragen mussten, wenn wir irgendwo hingefahren werden wollten. Denn den Autoführerschein hatten wir noch nicht und zum Bus- oder Straßenbahnfahren waren wir

manchmal zu bequem oder sie fuhren nicht zu den Zeiten, wenn wir sie brauchten. So machten einige von uns mit 16 Jahren einen Roller- oder einen 125er-Führerschein, um ein bisschen unabhängiger von den Eltern zu sein. Und eigentlich alle von uns fieberten dem 18. Geburtstag entgegen, denn der bedeutete nicht nur, dass wir endlich so lang wir wollten ausgehen durften, sondern auch, dass wir den Führerschein machen konnten und alleine Auto fahren durften.

In unserem Führerscheinjahr wurde in Deutschland der Führerschein ab 17 eingeführt. Das hieß für uns, dass wir schon mit 17 die Fahrschule besuchen und den Führerschein machen konnten. Fahren durften wir dann

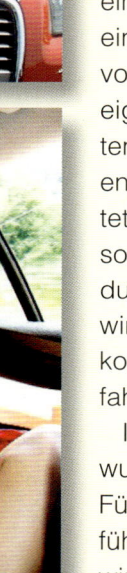

Noch durften wir nicht selbst Auto fahren – da mussten die Eltern uns zum Badesee bringen.

nur mit einer eingetragenen Begleitperson über 25 Jahre, die in Flensburg ein leeres Punktekonto besaß. Was für uns bedeutete, dass beim Fahren immer die Eltern neben uns saßen und uns mit zahlreichen Tipps ausstatteten. Aber besser anstrengende Eltern im Auto als gar nicht Auto fahren.

Bevor wir den Führerschein machen konnten, wurde natürlich ordentlich gespart oder auf spendable Eltern gehofft, denn so eine Fahrerlaubnis kostete je nach Fahrkünsten für uns zwischen 1200 und 2400 Euro. War die Fahrprüfung bestanden, erhielten wir zunächst einen rosafarbenen Übergangsführerschein, die richtige Fahrerlaubnis gab es erst am 18. Geburtstag.

Dieser Geburtstag stand nun bald vor der Tür und wir freuten uns auf die lang ersehnte Volljährigkeit.

18 – das Leben kann beginnen!

Endlich 18 Jahre alt und die Welt lag uns zu Füßen, bereit, erobert zu werden: „The best is yet to come!" Wir wussten, dass unser Leben aufregend würde und spannend, aber vor allem würde es gut zu uns sein – was sollte schon schiefgehen? Und so sind wir zuversichtlich in die Zukunft aufgebrochen, in die erste eigene Wohnung, den ersten Job. Haben glückliche Stunden erlebt und manche, auf die wir gerne verzichtet hätten, haben Erfahrungen gesammelt, Erfolge gefeiert und Enttäuschungen einge- steckt, Menschen gefunden und Menschen verloren. Die Jahre sind ins Land gezogen und ziehen weiter an uns vorbei. Unsere Schritte sind vorsichtiger geworden und hin und wieder fragen wir uns etwas wehmütig: Wo ist die Zeit geblieben, als wir noch ganz ohne Sorgen unsere ersten Schritte gemacht haben, als wir kaum größere Probleme hatten, als unsere Eltern davon zu überzeugen, auf eine Party gehen zu dürfen? Mit Freude und etwas Melancho-

lie erinnern wir uns an unsere ersten 18 Jahre, an die erste Beziehung, das erste Bier, Schulfreunde, Klassenfahrten und ausgelassene Sommer. Bis uns wieder einfällt, im Jetzt ist es auch ganz passabel. Denn wie sang Hannes Wader schon in den 70er-Jahren so treffend? „Schön ist die Jugend so sorglos und frei – Gott sei Dank ist sie endlich vorbei. Und sie kommt zum Glück nie mehr zurück."

Die Volljährigkeit wurde gehörig gefeiert.